1日でぬえる！
簡単楽ちんワンピース

子どものおしゃれなアッパッパ

Quoi?Quoi?

主婦の友社

※布地の使用量は地直しを考慮し、少し多めに記載しています。柄合わせが必要な布地を使用する場合はその分を見積もって用意しましょう。作り方ページの【材料】には、はさみ、定規など基本的な洋裁道具と、糸は含まれておりません

A-1
French sleeve

how to make p.21

右／140cmサイズ〔モデル138cm〕
左／120cmサイズ〔モデル119cm〕

◎フレンチスリーブ基本スタイル

もっともシンプルなデザインです。柄が映えるので布地選びの幅が広がります。写真のような大きめのブロックチェックは、わきで布の柄がつながるように裁断するのがポイント。姉妹のおそろいコーデにもおすすめです。わきにはぬい目を利用したポケットをつけました。

A-2
Dropped shoulder

how to make p.25

130㎝サイズ〔モデル132㎝〕

◎ドロップショルダー半そで

A-1にそでをつけ、ドロップショルダーにしました。そで山にギャザーを寄せ、そで口にゴムを入れてパフスリーブに。かわいらしく、かつ上品な印象に仕上げました。ふだん着はもちろん、作品のようなシックな布を使えばお出かけ着としても重宝します。

A-3
French sleeve

how to make p.24

120cmサイズ〔モデル119cm〕

◎フレンチスリーブ＋ウエストひも
A-1と同じ前身ごろと後ろ身ごろのパターンを使い、ウエストにひも通し布をつけました。ハイウエストの位置で、ひもを前でリボン結びにすることできちんと感が出ます。布はストライプ柄を選ぶとよりすっきり。

A-4
Frilled sleeve

how to make p.26

110㎝サイズ〔モデル109㎝〕

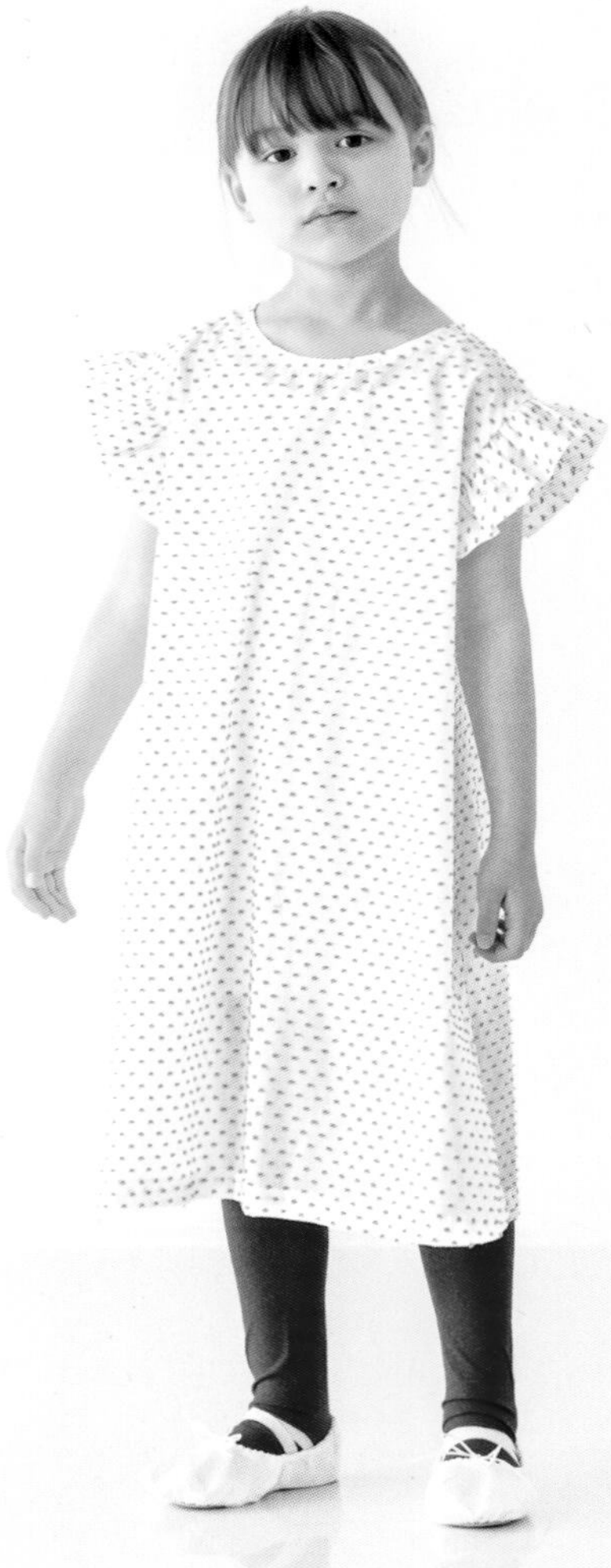

◎フレンチスリーブ＋そで口フリル

Ａ-1のそで口にフリルをたっぷりつけると、子どもらしい愛らしさが引き立つデザインに。フリルは、バイアスに裁断することで、ギャザーがソフトな印象に仕上がります。薄い色や薄手の布地なら、下にキャミソールを合わせて。

B
Cape collar

how to make p.28

右／110㎝サイズ〔モデル109㎝〕
左／140㎝サイズ〔モデル138㎝〕

B
Cape collar　ギャザースカートとの組み合わせ

◎ケープカラー＋ギャザースカート

ケープカラーと、ギャザースカートが華やかな印象のワンピース。ギャザースカートはローウエスト位置で切り替えることで、大きめのケープカラーとの組み合わせでもボリューミーになりすぎず、清楚なイメージに。

C
3-Tiered skirt

how to make p.30

右／110㎝サイズ〔モデル109㎝〕
左／140㎝サイズ〔モデル138㎝〕

◎３段のティアードスカート

３段のティアードスカートは、ふくらみすぎず、ほどよいボリュームになるようデザインしました。布を無地にするかプリント地にするかで印象は大きく変わります。子ども服に使いづらい大柄のプリントが映えるデザインなので、ぜひチャレンジを。

C
Tiered skirt 段で切り替えたスカート

D-1
Raglan sleeve

how to make p.32

130㎝サイズ〔モデル132㎝〕

◎ラグランスリーブ＋半そで

腕が動かしやすいラグランスリーブは活発な子どもにおすすめです。えりぐりにゴムを入れたスモックタイプで、小さな子どもでも自分で着たり脱いだりできるのがポイント。こまかいギンガムチェック柄は、わきの柄合わせを気にせず、裁断できます。

D-2
Round yoke

how to make p.34

120cmサイズ〔モデル119cm〕

◎ラウンドヨーク＋ノースリーブ

D-1と前身ごろと後ろ身ごろのラインは同じですが、ラウンドヨークをつけてノースリーブのデザインにしました。首回りはすっきり見せつつ、ヨークの下にギャザーを寄せて広がるシルエットにし、すそにはフリルで愛らしさをプラス。ヨークのひと手間でおしゃれ感が生まれます。

E-1
Camisole

how to make p.36

120㎝サイズ〔モデル119㎝〕

E

Camisole　胸元のギャザーで華やかに

◎キャミソール基本スタイル

涼しさ抜群のキャミソールドレスは、汗かきな子どもが夏を過ごすのにぴったりです。ふだん着や、パジャマ代わり、旅行先でのサマードレスとしてなど何枚あっても大活躍するアイテム。肩ひもの長さは、子どもに合わせてリボン結びで調整しましょう。

E-2
Ruffled hem

how to make p.38

110㎝サイズ〔モデル109㎝〕

◎キャミソール＋すそフリル

E-1のすそにフリルをプラスしたデザインです。ひと手間でぐっとラブリーに。ボリュームのあるデザインなので、中にカットソーを合わせる重ね着スタイルも楽しめます。木綿はもちろん、リネンウールなど厚手の布地で作ると、秋冬シーズンも活用できます。

F

Box silhouette

ストンとしたボックス型スタイル

F-1
French sleeve

how to make p.39

130㎝サイズ〔モデル132㎝〕

◎ボックスシルエット基本スタイル

わきのラインを直線的にし、ストンとしたボックスシルエットにしました。子どもらしいシルエットがかわいいだけでなく、通気性がよく、汗をかいても快適に過ごせるのが魅力。そでつけのないフレンチスリーブで、作りやすく、ソーイング初心者におすすめです。

F-2
Frilled sleeve

how to make p.40

110㎝サイズ〔モデル109㎝〕

◎ボックスシルエット＋そで口フリル

F-1のそで口にフリルをつけてアレンジしました。作品はリネン地を使っているので、汗でべたつかず、さらりとした着心地に。子どもが喜んで着てくれることでしょう。

F-3
Gathered skirt

how to make p.41

120㎝サイズ〔モデル119㎝〕

◎ボックスシルエット
＋ウエスト切り替え

F-1、F-2と同じパターンを使い、ウエストで切り替えてギャザースカートをプラスしました。身ごろにはゆとりを持たせていますが、スカートのギャザーのボリュームを抑えることで、全体のバランスがよく、上品にまとまるようにデザインしました。

G-1
French sleeve

how to make p.42

110cmサイズ〔モデル109cm〕

G Gathered skirt 基本スタイル＋そでをプラスしたデザイン

◎ギャザースカート基本スタイル

ハイウエストの位置で切り替えた、ギャザースカートのスタイルです。無地の別布でリボンをつけたのがポイント。正面でリボンを結ぶと、きちんと感が出るので、パーティーや発表会などフォーマルなシーンにもおすすめです。

G-2
Slit sleeve

how to make p.44

130㎝サイズ〔モデル132㎝〕

◎ギャザースカート＋半そで

G-1にそでをつけたデザインです。そで下は、スリットになっているので、子どもが動くと、ひらひらとなびいて、エレガント。作品はリバティプリントの布地で、上品な小花柄のワンピースは、着るだけでお姫様気分になれます。

G-3
Long sleeve

how to make p.45

140㎝サイズ〔モデル138㎝〕

◎ギャザースカート＋長そで
G-1に長めのそでをつけ、3シーズン活躍するスタイルにしました。首回りをVネックにアレンジしたので、よりすっきりと見せることができます。

Bag

how to make p.47

◎バッグ

巾着タイプに持ち手をつけたバッグ。口がしっかりとしまるので、中身が落ちる心配もありません。少しの布で作れるので、余り布の活用にも。

Pochette

how to make p.46

◎ポシェット

コーディネートのアクセントとしてはもちろん、ポケット代わりとして重宝するポシェット。成長に合わせて、ひもの長さを調整して使えます。

作り始める前に読みましょう

サイズの選び方、本書の見方など、
作る前に知っておきたいことをここで説明しています。

サイズについて

本書には、身長110cm、120cm、130cm、140cmの4サイズの実物大型紙が2枚ついています。右のヌードサイズ表を確認し、サイズを選びましょう。身長と対応サイズは目安と考えてください。子どもの場合、胸囲を基準にサイズを選び、丈の長さを調整する方法がおすすめです。本書で提案しているアッパッパはゆとりを持たせたデザインなので、各作品の作り方ページにある「でき上がり寸法」も参考にしてください。

ヌードサイズ表

単位：cm

サイズ(身長)	110	120	130	140
胸囲	57	60	64	70

作り方ページの見方

【作品番号】

【写真ページ】

【作り方順序】

この順に沿って作ります。具体的な作り方は、順を追って解説しています。ここで解説していない作り方は、参照ページで解説しています。

【型紙】

付録の実物大型紙は2枚あり、A～Dの4面あります。ここでどの面に型紙があるかを示しています。型紙はカッターナイフなどを使って、本から丁寧に切り離しましょう。

【材料】

必要な材料が記載されています。布地の分量は少し多めに記載しています。(　)内は使用した商品名です。ミシン糸は含まれていないので、布地に合う色のミシン糸を用意してください。

【でき上がり寸法】

作品のでき上がり寸法です。実物大型紙の胸囲、着丈はこの寸法です。

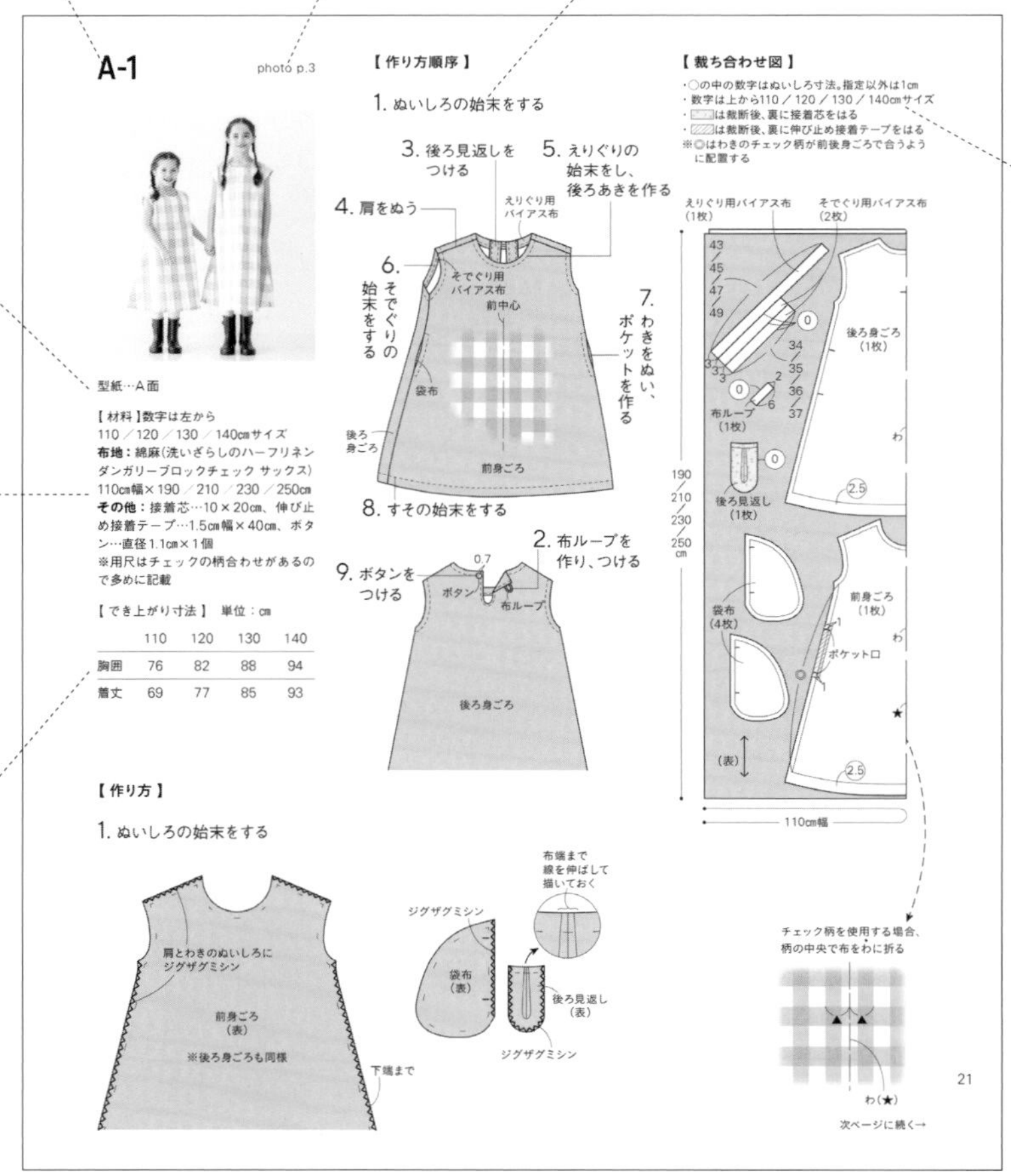

A-1　photo p.3

型紙…A面

【材料】数字は左から
110／120／130／140cmサイズ
布地：綿麻(洗いざらしのハーフリネン ダンガリーブロックチェック サックス)
110cm幅×190／210／230／250cm
その他：接着芯…10×20cm、伸び止め接着テープ…1.5cm幅×40cm、ボタン…直径1.1cm×1個
※用尺はチェックの柄合わせがあるので多めに記載

【でき上がり寸法】　単位：cm

	110	120	130	140
胸囲	76	82	88	94
着丈	69	77	85	93

【作り方順序】

1. ぬいしろの始末をする

【作り方】

1. ぬいしろの始末をする

【裁ち合わせ図】

・○の中の数字はぬいしろ寸法。指定以外は1cm
・数字は上から110／120／130／140cmサイズ
・▭は裁断後、裏に接着芯をはる
・▨は裁断後、裏に伸び止め接着テープをはる
※◎はわきのチェック柄が前後身ごろで合うように配置する

21

次ページに続く→

【裁ち合わせ図】

サイズが決まったら、実物大型紙から必要な型紙を薄紙に写し取ります。次に、この図を参照して、まわりにぬいしろを描き、ぬいしろつき型紙を作ります。「わ」とあれば、図のように布地を折り、型紙を配置してまち針や重しでとめ、布地を裁断します。バイアス布や作品Bのスカートなど、寸法が書いてあるパーツは、布地に直接線を描いて裁断します。

A-1

photo p.3

型紙…A面

【材料】数字は左から
110／120／130／140cmサイズ
布地：綿麻(洗いざらしのハーフリネンダンガリーブロックチェック サックス)
110cm幅×190／210／230／250cm
その他：接着芯…10×20cm、伸び止め接着テープ…1.5cm幅×40cm、ボタン…直径1.1cm×1個
※用尺はチェックの柄合わせがあるので多めに記載

【でき上がり寸法】 単位：cm

	110	120	130	140
胸囲	76	82	88	94
着丈	69	77	85	93

【作り方順序】

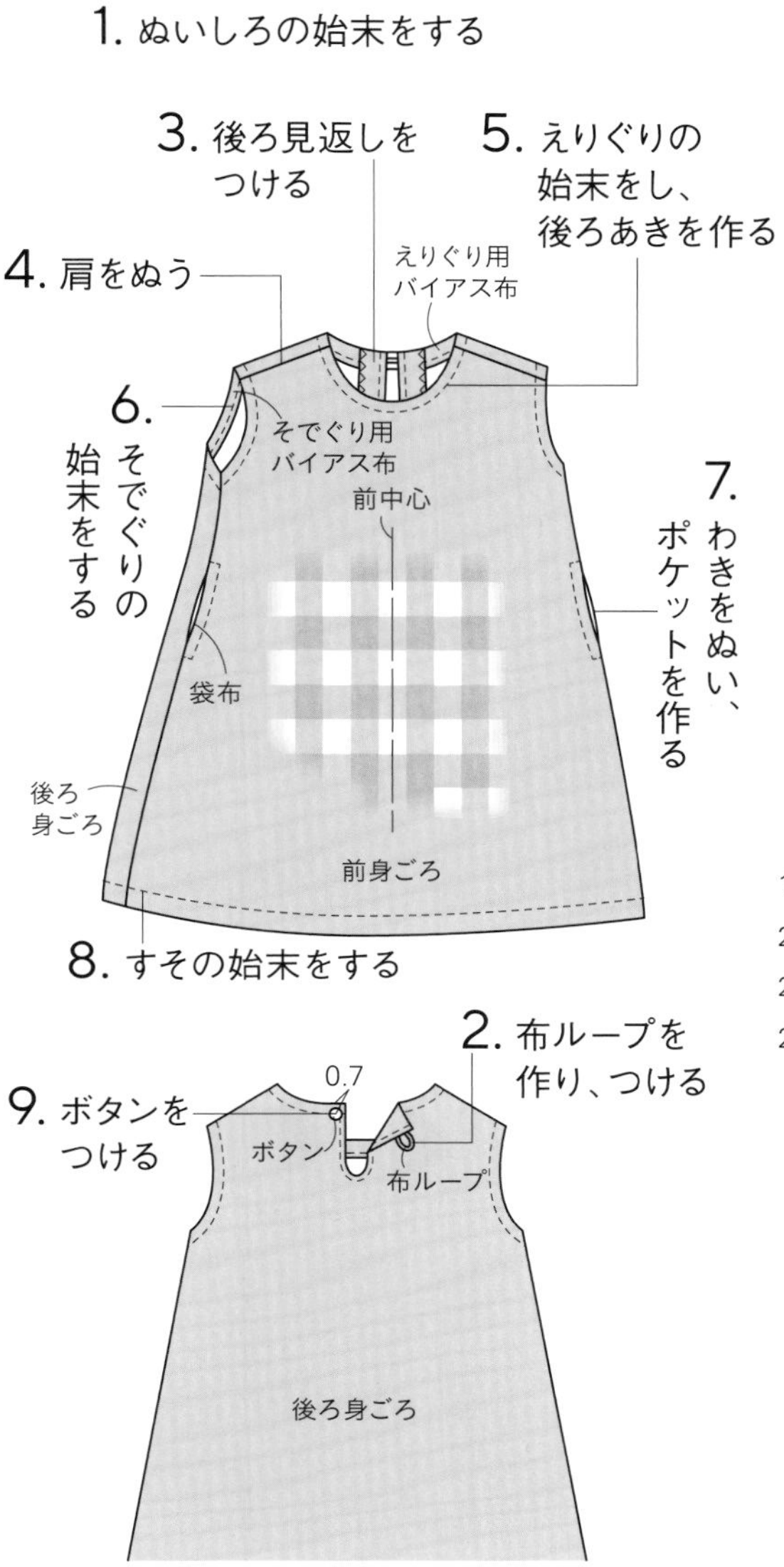

1. ぬいしろの始末をする
3. 後ろ見返しをつける
5. えりぐりの始末をし、後ろあきを作る
4. 肩をぬう
えりぐり用バイアス布
6. そでぐりの始末をする
そでぐり用バイアス布
前中心
7. わきをぬい、ポケットを作る
袋布
後ろ身ごろ
前身ごろ
8. すその始末をする
2. 布ループを作り、つける
9. ボタンをつける
0.7
ボタン
布ループ
後ろ身ごろ

【裁ち合わせ図】

- ○の中の数字はぬいしろ寸法。指定以外は1cm
- 数字は上から110／120／130／140cmサイズ
- □は裁断後、裏に接着芯をはる
- ▨は裁断後、裏に伸び止め接着テープをはる

※◎はわきのチェック柄が前後身ごろで合うように配置する

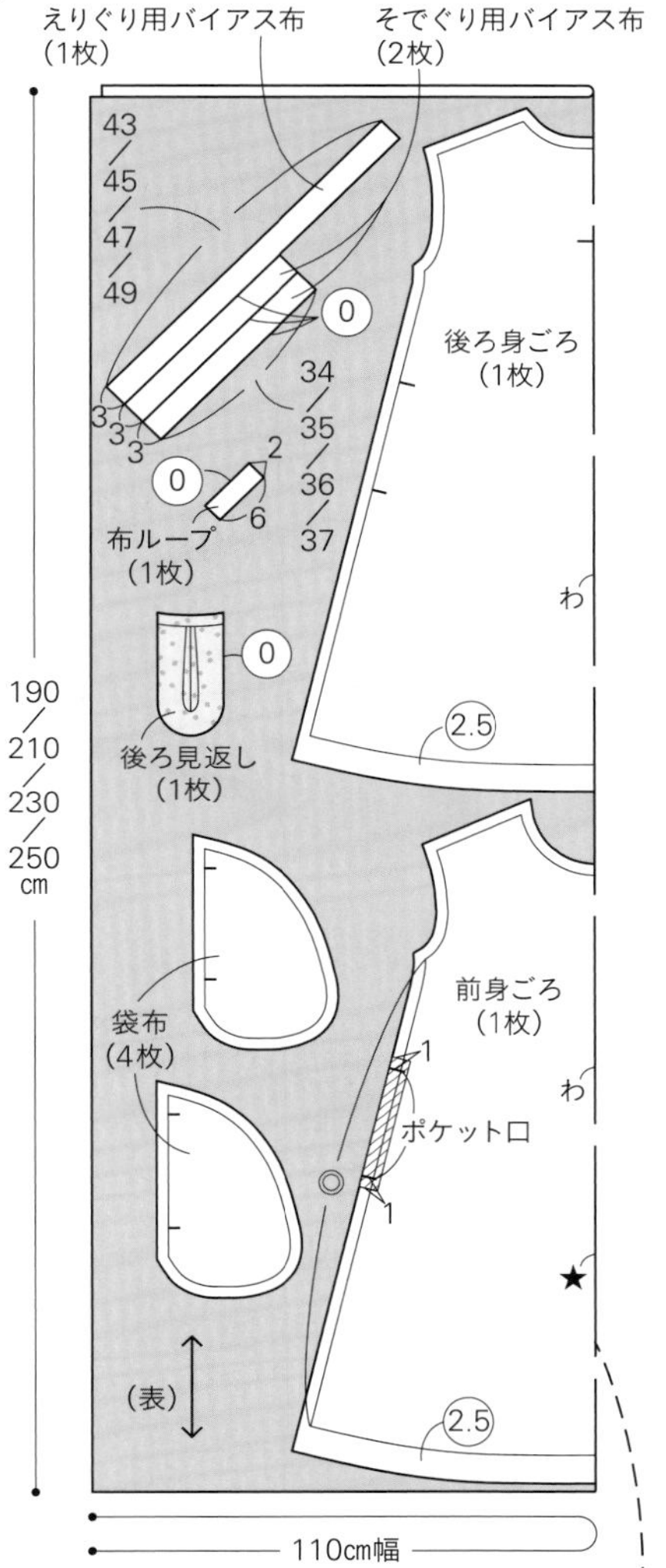

えりぐり用バイアス布
(1枚)
そでぐり用バイアス布
(2枚)
43
45
47
49
0
34
35
36
37
3
3
3
2
0
6
布ループ
(1枚)
後ろ身ごろ
(1枚)
わ
0
後ろ見返し
(1枚)
2.5
190
210
230
250
cm
袋布
(4枚)
前身ごろ
(1枚)
1
わ
ポケット口
1
★
(表)
2.5
110cm幅

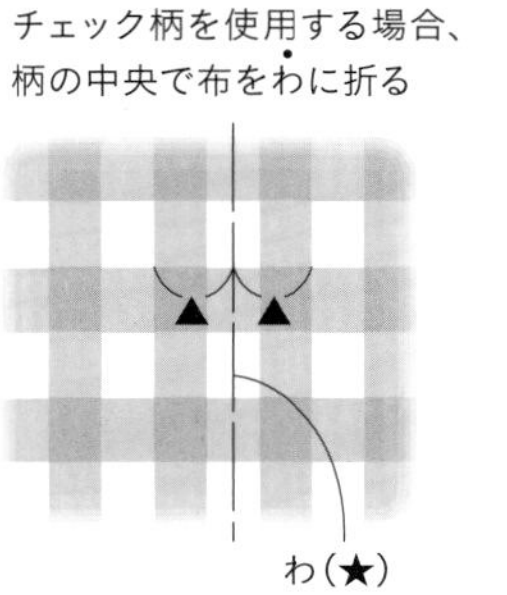

チェック柄を使用する場合、
柄の中央で布をわに折る
わ(★)

【作り方】

1. ぬいしろの始末をする

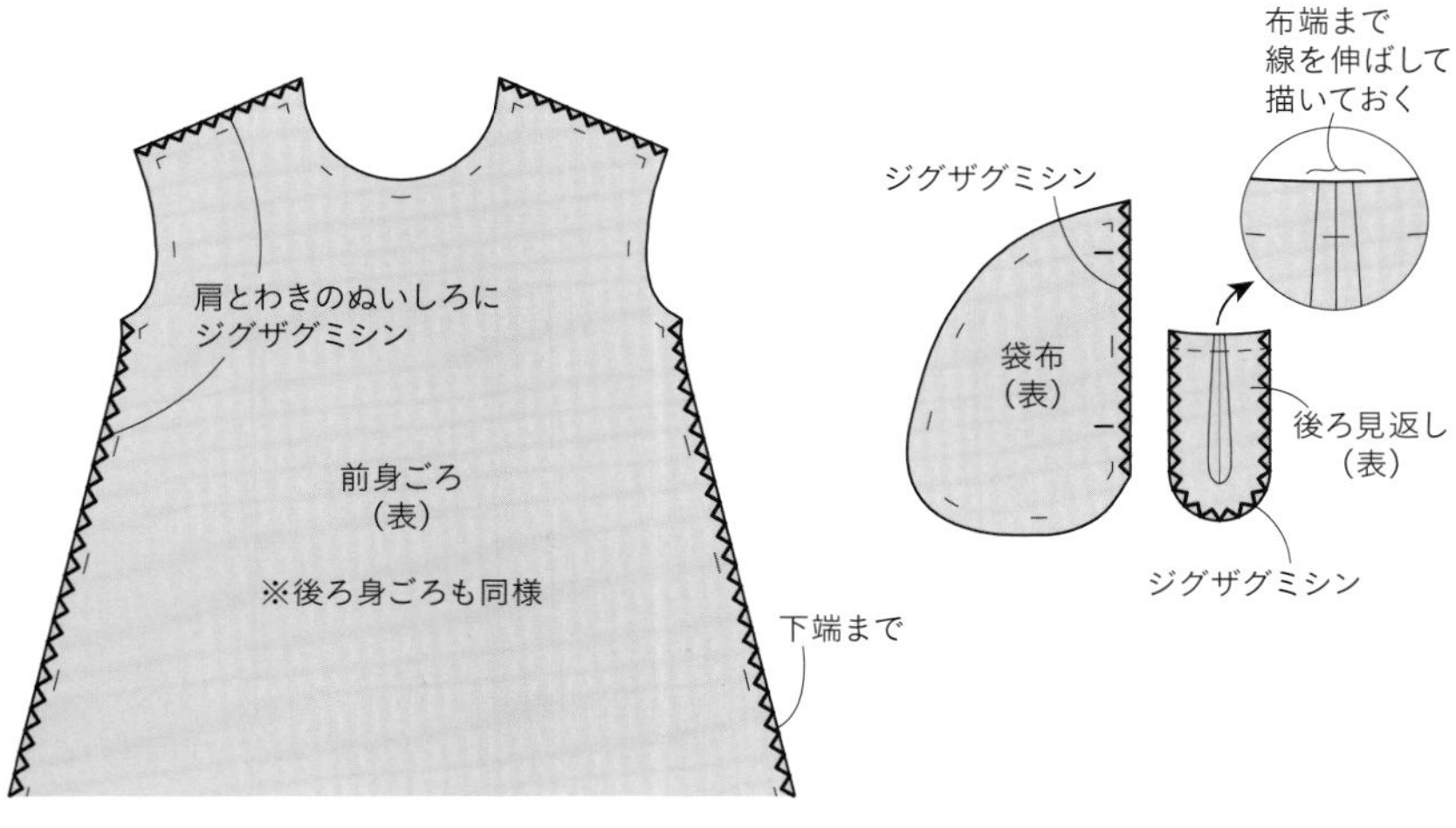

肩とわきのぬいしろにジグザグミシン
前身ごろ
(表)
※後ろ身ごろも同様
下端まで
ジグザグミシン
袋布
(表)
布端まで線を伸ばして描いておく
後ろ見返し
(表)
ジグザグミシン

次ページに続く→

2. 布ループを作り、つける

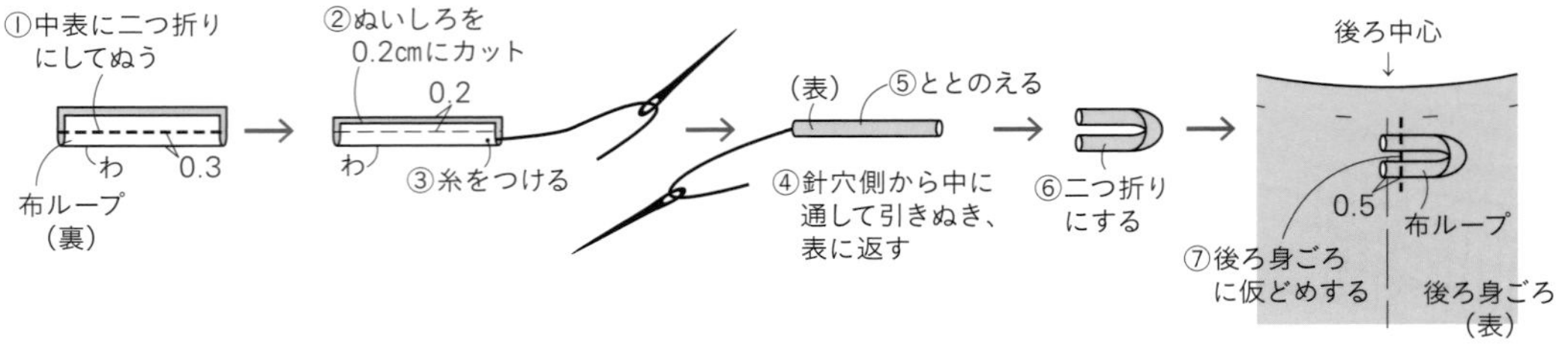

①中表に二つ折りにしてぬう
わ
0.3
布ループ（裏）
②ぬいしろを0.2cmにカット
0.2
わ
③糸をつける
（表）
⑤ととのえる
④針穴側から中に通して引きぬき、表に返す
⑥二つ折りにする
後ろ中心
0.5
布ループ
⑦後ろ身ごろに仮どめする
後ろ身ごろ（表）

3. 後ろ見返しをつける

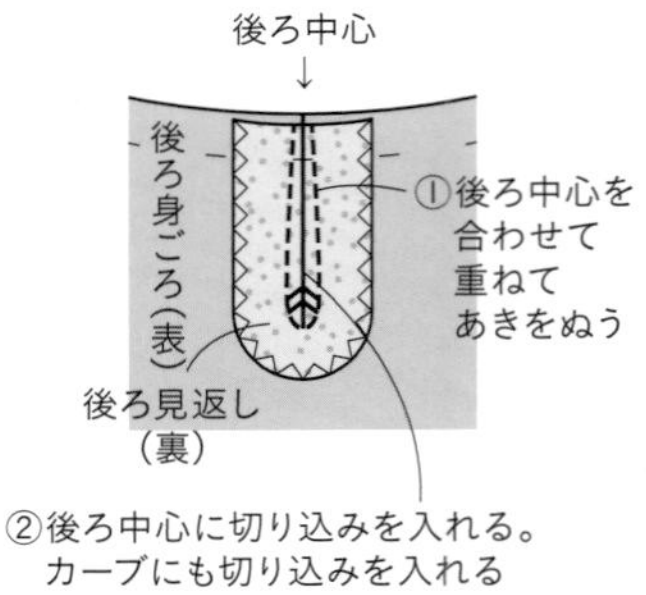

後ろ中心
後ろ身ごろ（表）
①後ろ中心を合わせて重ねてあきをぬう
後ろ見返し（裏）
②後ろ中心に切り込みを入れる。カーブにも切り込みを入れる

4. 肩をぬう

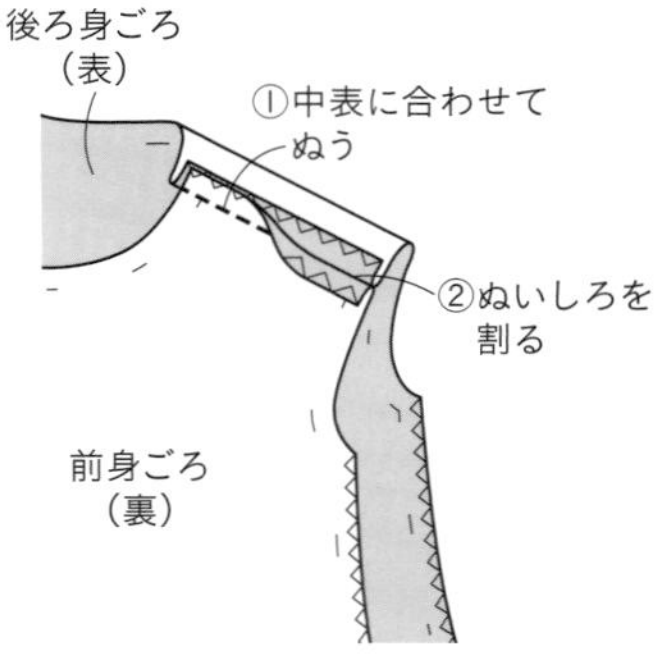

後ろ身ごろ（表）
①中表に合わせてぬう
②ぬいしろを割る
前身ごろ（裏）

※もう一方も同様

5. えりぐりの始末をし、後ろあきを作る

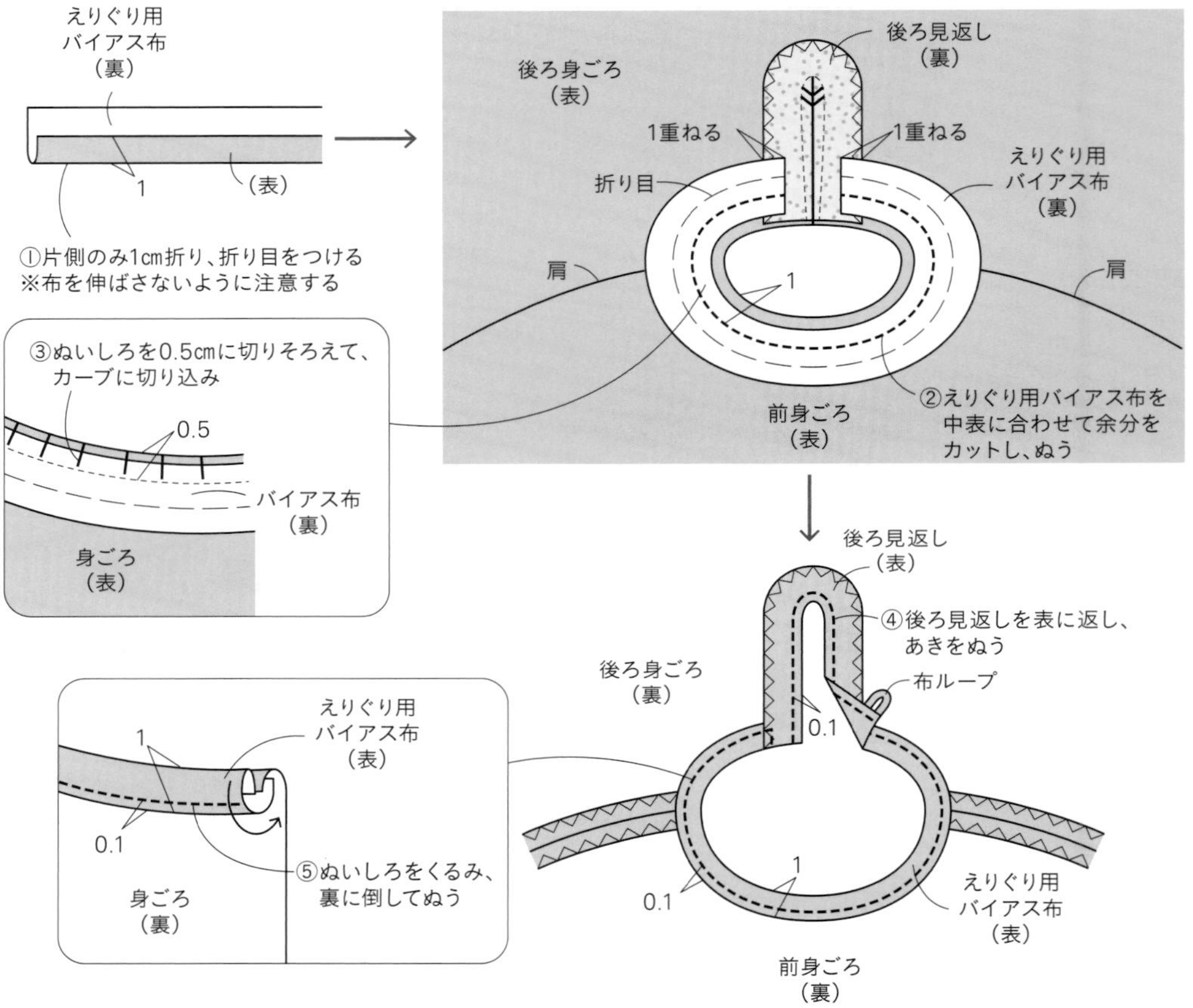

えりぐり用バイアス布（裏）
1
（表）
①片側のみ1cm折り、折り目をつける
※布を伸ばさないように注意する
後ろ見返し（裏）
後ろ身ごろ（表）
1重ねる
1重ねる
折り目
えりぐり用バイアス布（裏）
肩
肩
1
前身ごろ（表）
②えりぐり用バイアス布を中表に合わせて余分をカットし、ぬう
③ぬいしろを0.5cmに切りそろえて、カーブに切り込み
0.5
バイアス布（裏）
身ごろ（表）
後ろ見返し（表）
④後ろ見返しを表に返し、あきをぬう
後ろ身ごろ（裏）
布ループ
0.1
えりぐり用バイアス布（表）
1
0.1
⑤ぬいしろをくるみ、裏に倒してぬう
身ごろ（裏）
0.1
1
えりぐり用バイアス布（表）
前身ごろ（裏）

6. そでぐりの始末をする

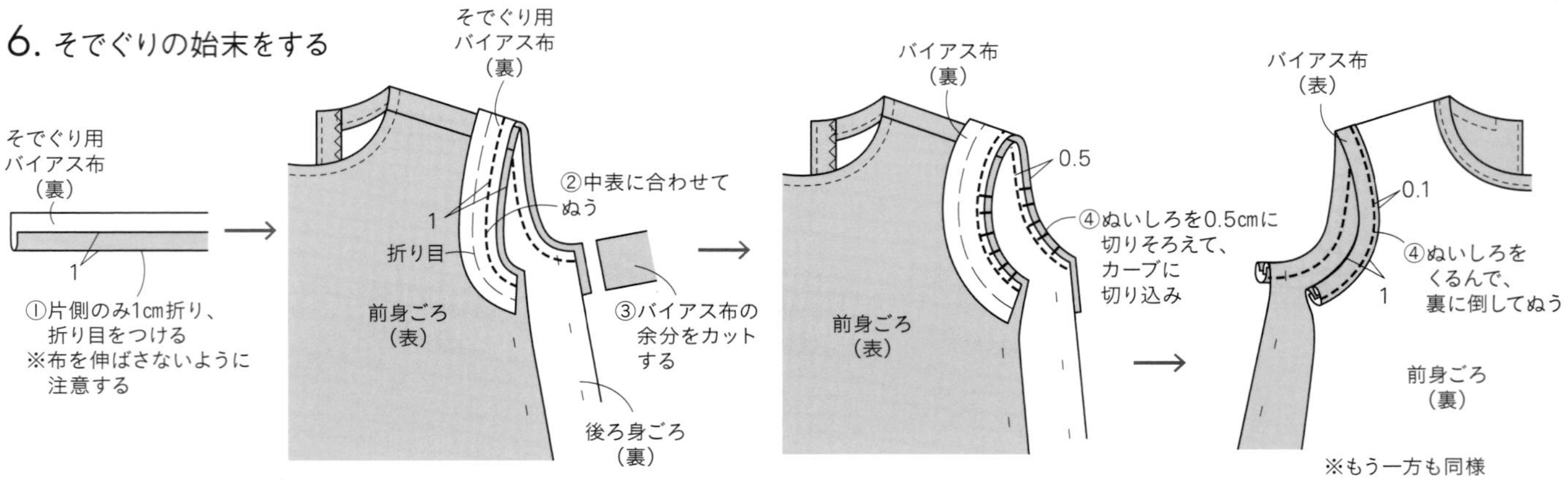

そでぐり用バイアス布（裏）
1
①片側のみ1cm折り、折り目をつける
※布を伸ばさないように注意する
そでぐり用バイアス布（裏）
1
折り目
②中表に合わせてぬう
前身ごろ（表）
③バイアス布の余分をカットする
後ろ身ごろ（裏）
バイアス布（裏）
0.5
④ぬいしろを0.5cmに切りそろえて、カーブに切り込み
前身ごろ（表）
バイアス布（表）
0.1
④ぬいしろをくるんで、裏に倒してぬう
1
前身ごろ（裏）

※もう一方も同様

7. わきをぬい、ポケットを作る

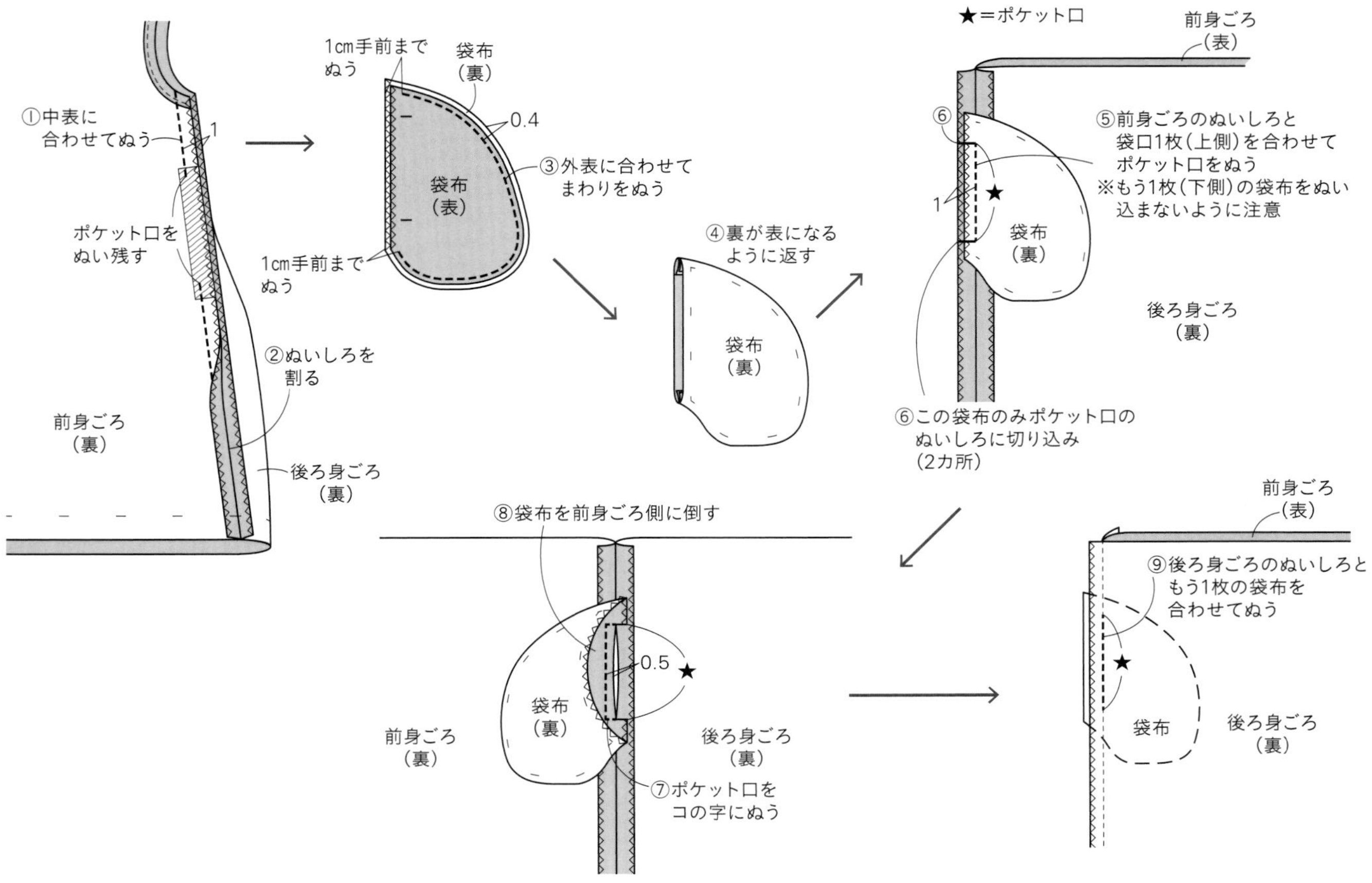

①中表に合わせてぬう
1
ポケット口をぬい残す
②ぬいしろを割る
前身ごろ（裏）
後ろ身ごろ（裏）
1cm手前までぬう
袋布（裏）
0.4
③外表に合わせてまわりをぬう
袋布（表）
1cm手前までぬう
④裏が表になるように返す
袋布（裏）
★＝ポケット口
前身ごろ（表）
⑥
⑤前身ごろのぬいしろと袋口1枚（上側）を合わせてポケット口をぬう
※もう1枚（下側）の袋布をぬい込まないように注意
1
★
袋布（裏）
後ろ身ごろ（裏）
⑥この袋布のみポケット口のぬいしろに切り込み（2カ所）
⑧袋布を前身ごろ側に倒す
0.5
★
袋布（裏）
前身ごろ（裏）
後ろ身ごろ（裏）
⑦ポケット口をコの字にぬう
前身ごろ（表）
⑨後ろ身ごろのぬいしろともう1枚の袋布を合わせてぬう
★
袋布
後ろ身ごろ（裏）

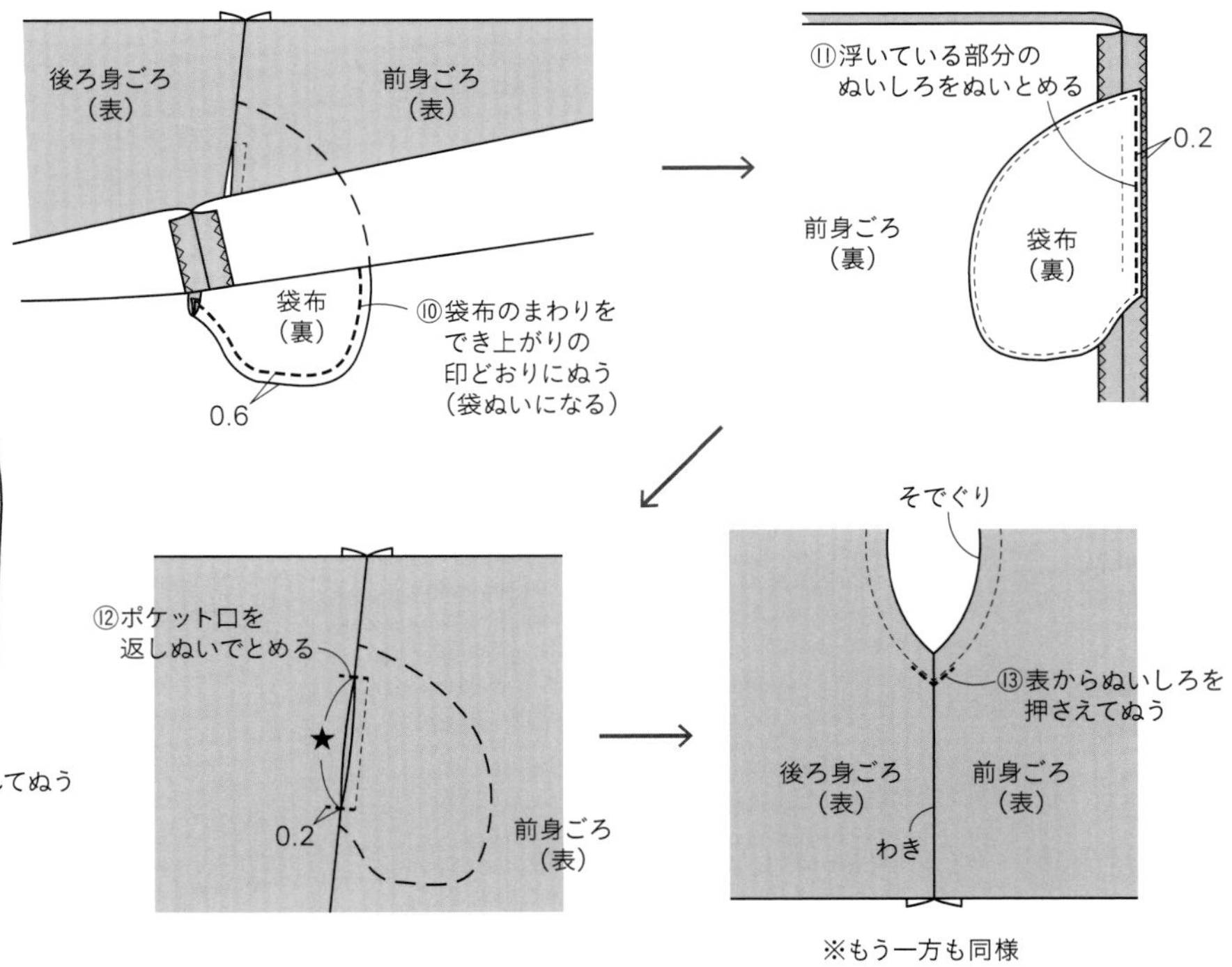

後ろ身ごろ（表）
前身ごろ（表）
袋布（裏）
⑩袋布のまわりをでき上がりの印どおりにぬう（袋ぬいになる）
0.6
⑪浮いている部分のぬいしろをぬいとめる
0.2
前身ごろ（裏）
袋布（裏）
⑫ポケット口を返しぬいでとめる
★
0.2
前身ごろ（表）
そでぐり
⑬表からぬいしろを押さえてぬう
後ろ身ごろ（表）
前身ごろ（表）
わき

※もう一方も同様

8. すその始末をする

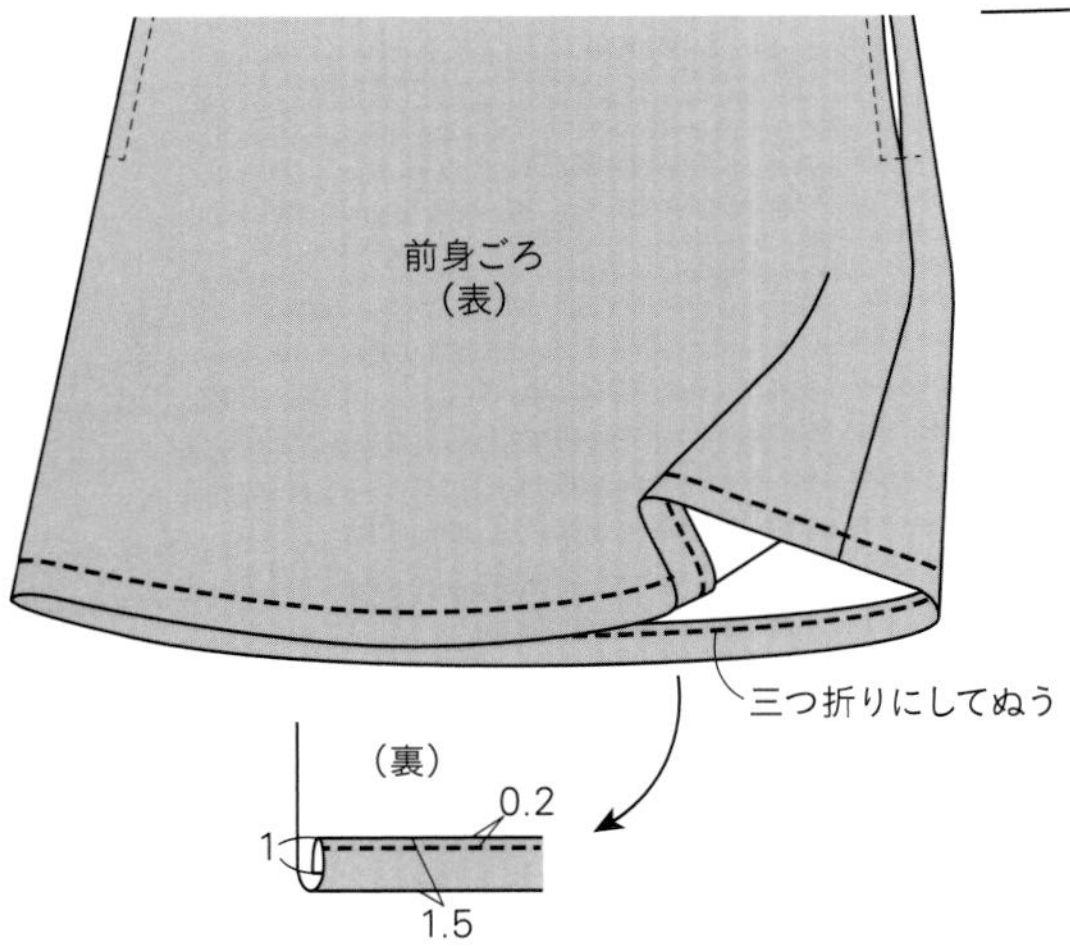

前身ごろ（表）
三つ折りにしてぬう
（裏）
0.2
1
1.5

A-3

photo p.5

型紙…A面

【材料】数字は左から
110／120／130／140cmサイズ
布地：綿(sunny days stripe ブルー×ホワイト)
110cm幅×190／200／220／240cm
その他：接着芯…10×20cm、伸び止め接着テープ…1.5cm幅×40cm、ボタン…直径1.1cm×1個

【でき上がり寸法】 単位：cm

	110	120	130	140
胸囲	76	82	88	94
着丈	69	77	85	93

【作り方順序】

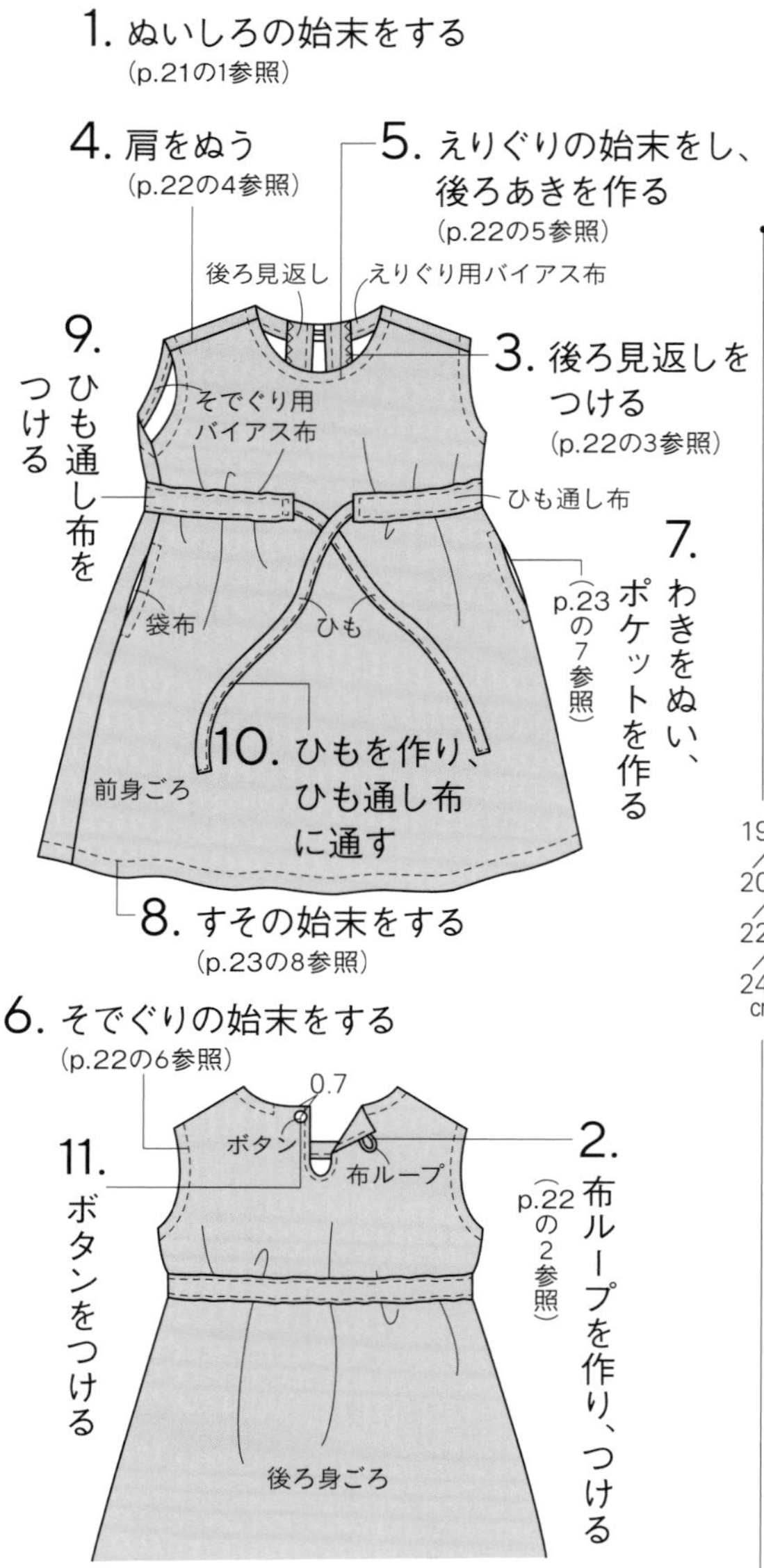

1. ぬいしろの始末をする
(p.21の1参照)
4. 肩をぬう
(p.22の4参照)
5. えりぐりの始末をし、後ろあきを作る
(p.22の5参照)
後ろ見返し
えりぐり用バイアス布
3. 後ろ見返しをつける
(p.22の3参照)
9. ひも通し布をつける
そでぐり用バイアス布
ひも通し布
7. わきをぬい、ポケットを作る
(p.23の7参照)
袋布
ひも
10. ひもを作り、ひも通し布に通す
前身ごろ
8. すその始末をする
(p.23の8参照)
6. そでぐりの始末をする
(p.22の6参照)
0.7
ボタン
布ループ
2. 布ループを作り、つける
(p.22の2参照)
11. ボタンをつける
後ろ身ごろ

【裁ち合わせ図】

・○の中の数字はぬいしろ寸法。指定以外は1cm
・数字は上から110／120／130／140cmサイズ
・▭は裁断後、裏に接着芯をはる
・▨は裁断後、裏に伸び止め接着テープをはる

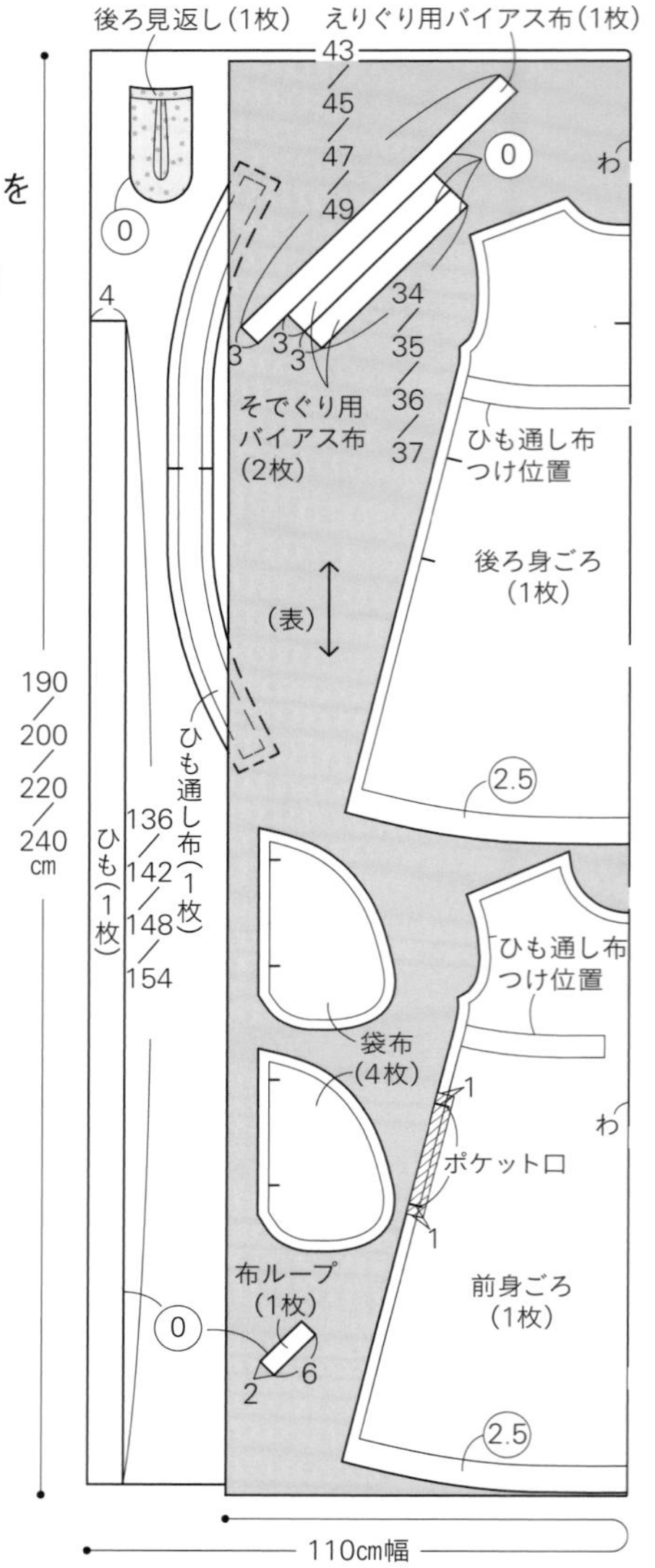

後ろ見返し(1枚)
えりぐり用バイアス布(1枚)
43／45／47／49
0
わ
4
3
34／35／36／37
そでぐり用バイアス布(2枚)
ひも通し布つけ位置
後ろ身ごろ(1枚)
(表)
190／200／220／240 cm
2.5
ひも通し布(1枚)
ひも(1枚)
136／142／148／154
袋布(4枚)
ポケット口
1
前身ごろ(1枚)
布ループ(1枚)
6
2
110cm幅

※ひも通し布つけ位置を身ごろ(表)にチャコペーパーで写しておく

【作り方】

9. ひも通し布をつける

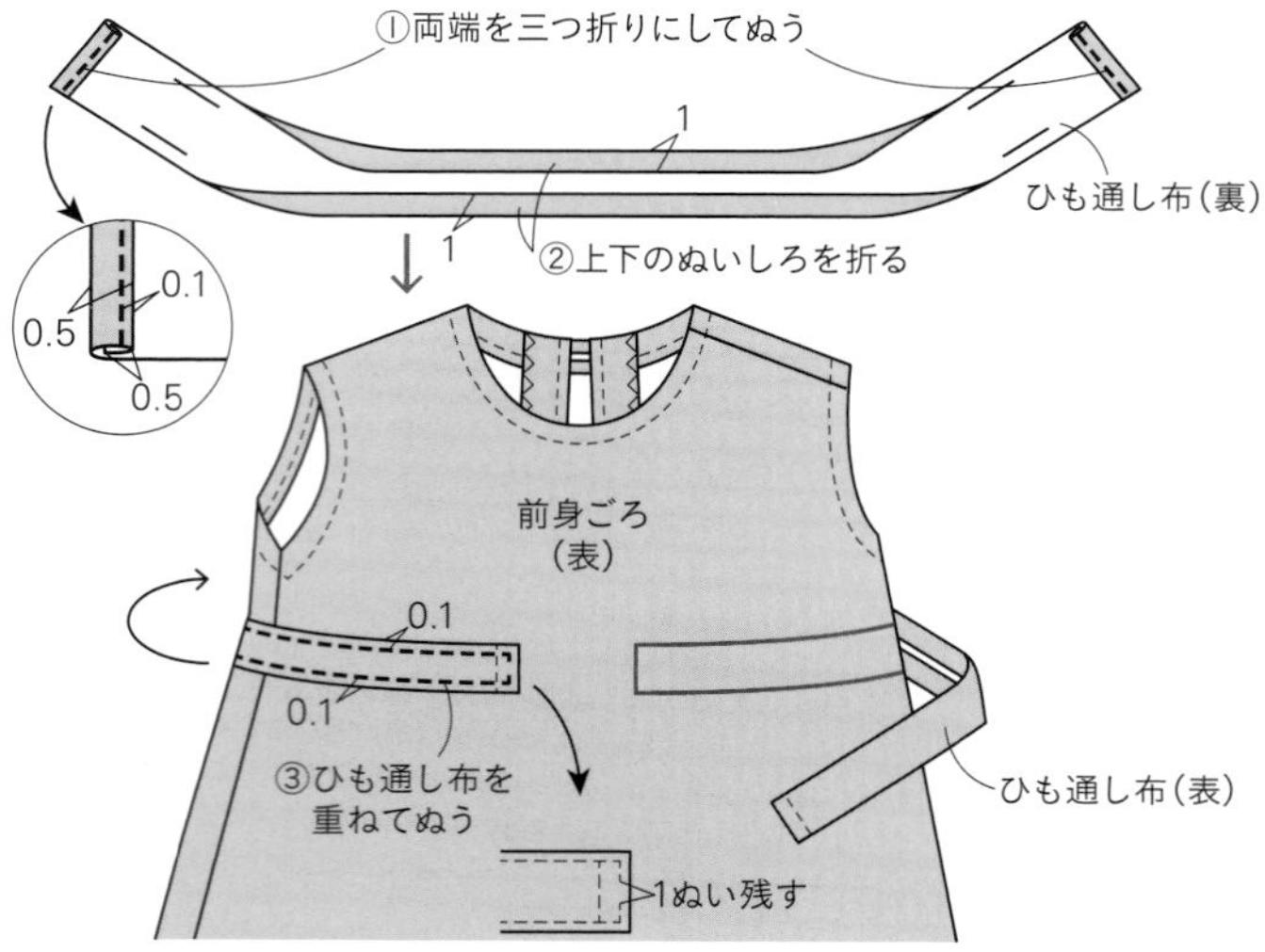

①両端を三つ折りにしてぬう
1
ひも通し布(裏)
②上下のぬいしろを折る
0.1
0.5
0.5
前身ごろ(表)
0.1
0.1
③ひも通し布を重ねてぬう
ひも通し布(表)
1ぬい残す

10. ひもを作り、ひも通し布に通す

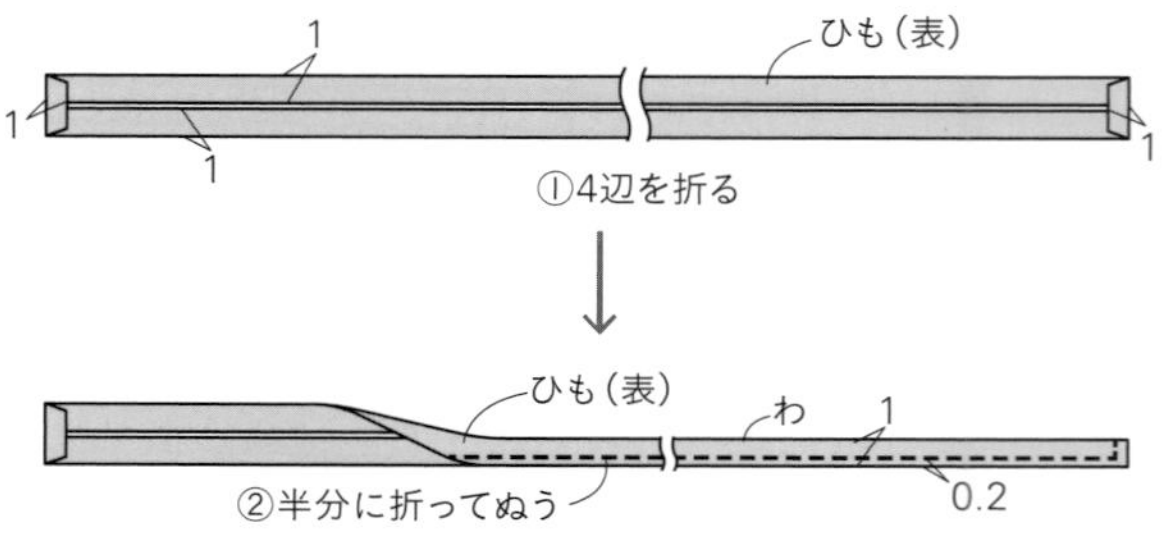

1
ひも(表)
1
1
1
①4辺を折る
ひも(表)
わ
1
②半分に折ってぬう
0.2

③ひも通しを使って、身ごろのひも通し布にひもを通す

A-2

photo p.4

型紙…A面

【材料】数字は左から
110／120／130／140cmサイズ
布地：綿(コットンmarie flower チャコールグレーにブラック)
104cm幅×190／200／220／240cm
綿(海のブロード マッシュルーム)110cm幅×60cm
その他：接着芯…10×20cm、伸び止めテープ…1.5cm幅×40cm、ボタン…直径1.1cm×1個、ゴムテープ…1.5cm幅×24／25／26／27cmを2本

【でき上がり寸法】 単位：cm

	110	120	130	140
胸囲	76	82	88	94
着丈	72	80	88	96

【作り方順序】

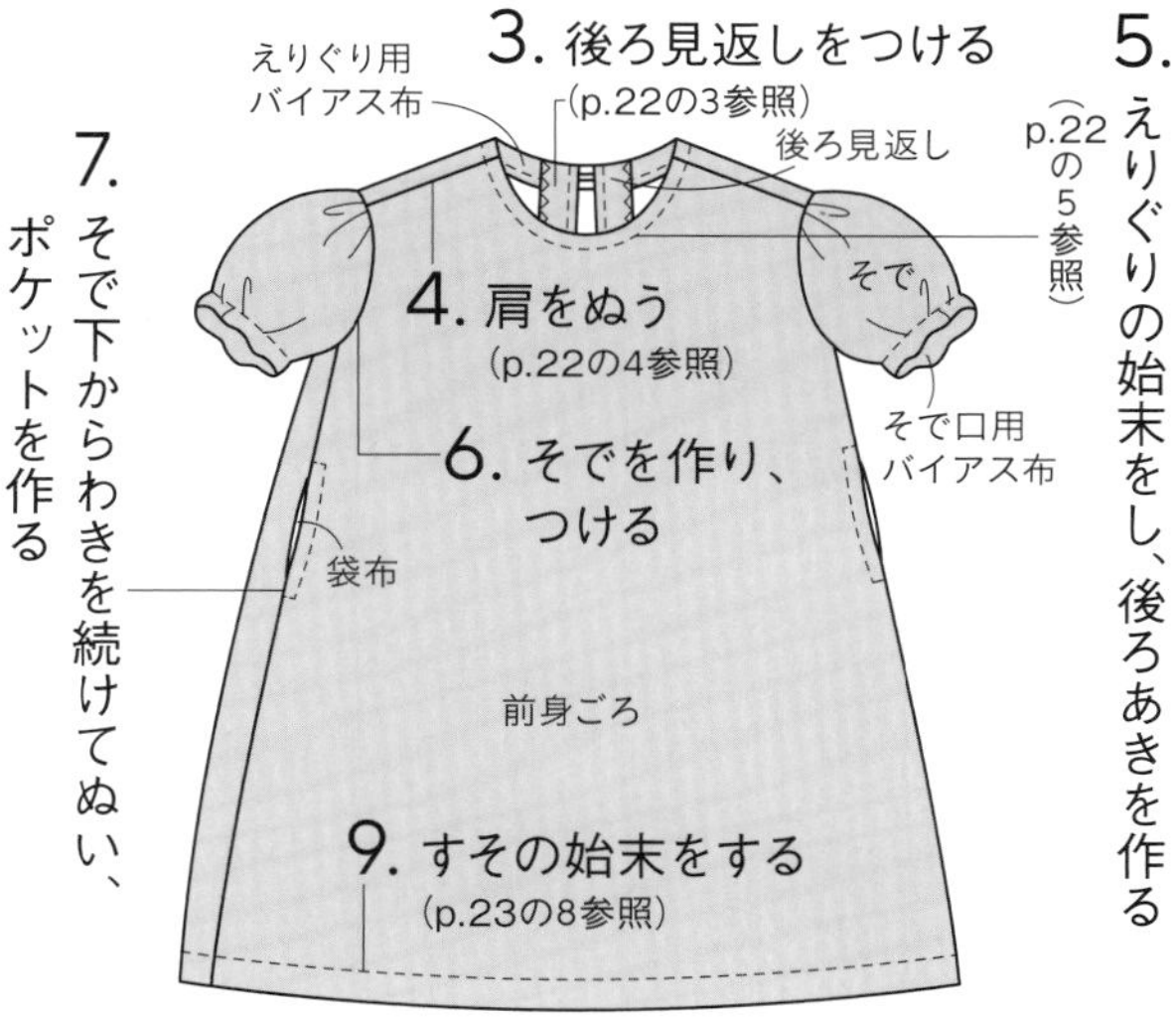

1. ぬいしろの始末をする
(p.21の1参照)
3. 後ろ見返しをつける
(p.22の3参照)
えりぐり用
バイアス布
後ろ見返し
5. えりぐりの始末をし、後ろあきを作る
(p.22の5参照)
7. そで下からわきを続けてぬい、ポケットを作る
4. 肩をぬう
(p.22の4参照)
そで
6. そでを作り、つける
そで口用
バイアス布
袋布
前身ごろ
9. すその始末をする
(p.23の8参照)

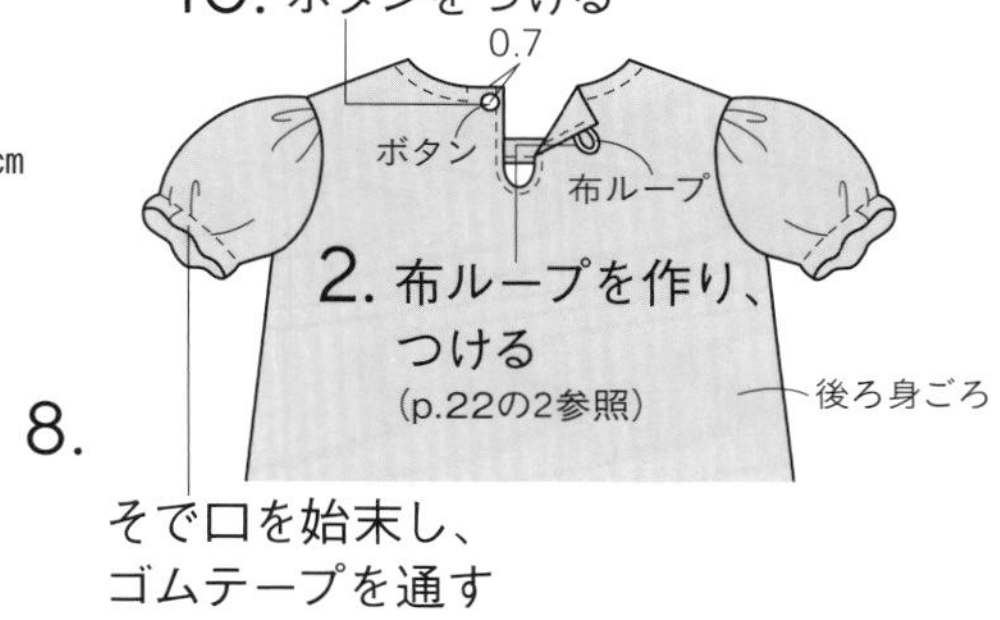

10. ボタンをつける
0.7
ボタン
布ループ
2. 布ループを作り、つける
(p.22の2参照)
後ろ身ごろ
8.
そで口を始末し、
ゴムテープを通す

【裁ち合わせ図】

・○の中の数字はぬいしろ寸法。指定以外は1cm
・数字は上(左)から
110／120／130／140cmサイズ
・▭は裁断後、裏に接着芯をはる
・▨は裁断後、裏に伸び止め接着テープをはる

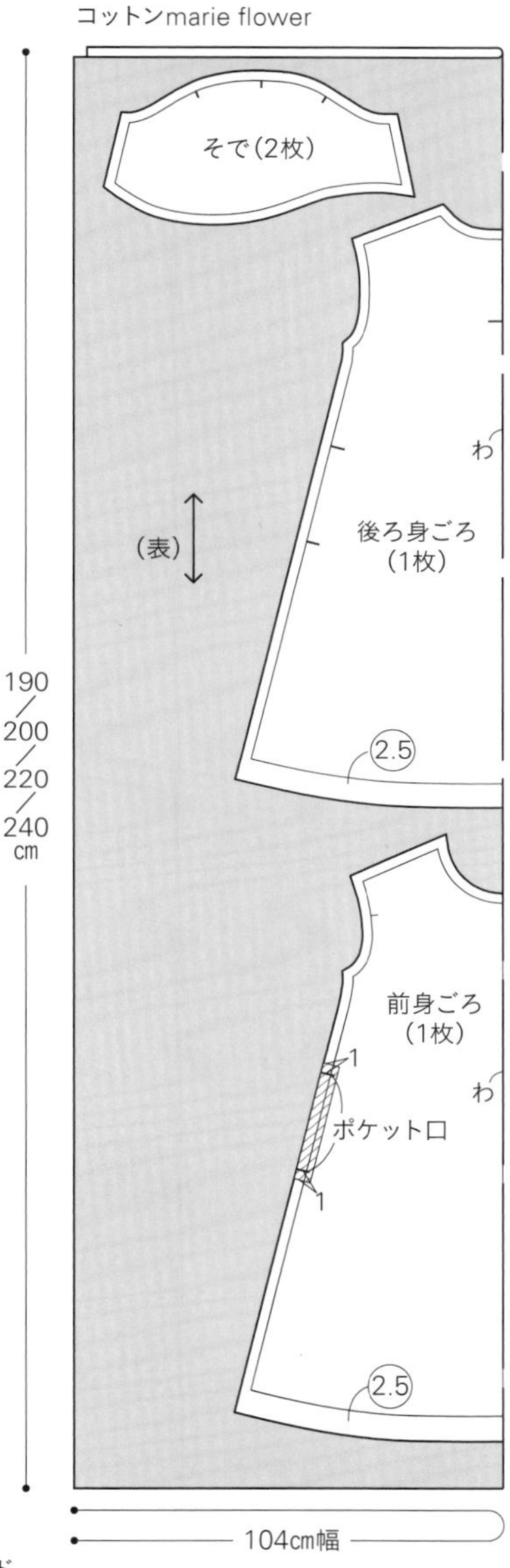

コットンmarie flower
そで(2枚)
わ
(表)
後ろ身ごろ
(1枚)
190
200
220
240
cm
2.5
前身ごろ
(1枚)
1
わ
ポケット口
1
2.5
104cm幅

【作り方】

6. そでを作り、つける

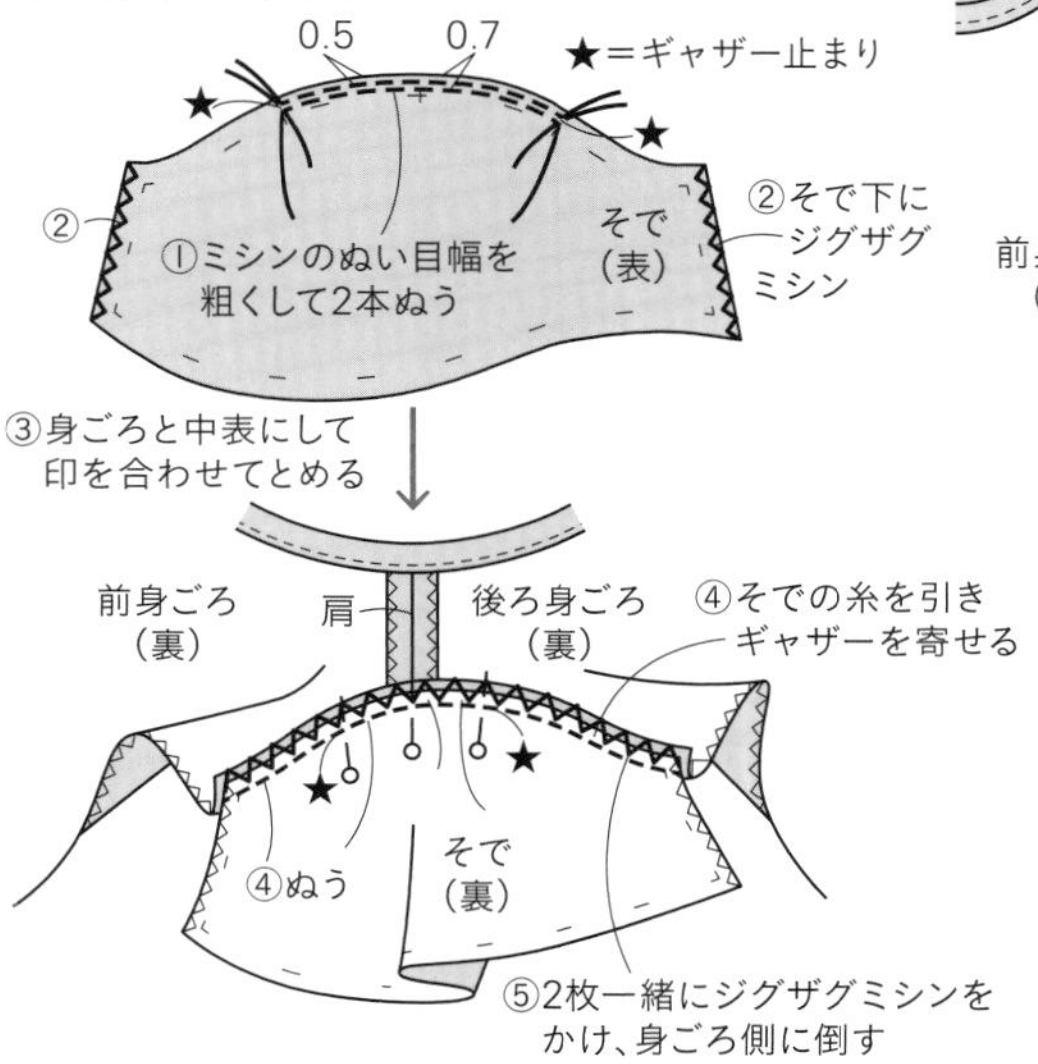

0.5
0.7
★＝ギャザー止まり
②
①ミシンのぬい目幅を
粗くして2本ぬう
そで
(表)
②そで下に
ジグザグ
ミシン
③身ごろと中表にして
印を合わせてとめる
前身ごろ
(裏)
肩
後ろ身ごろ
(裏)
④そでの糸を引き
ギャザーを寄せる
④ぬう
そで
(裏)
⑤2枚一緒にジグザグミシンを
かけ、身ごろ側に倒す

※もう一方も同様

7. そで下からわきを続けてぬい、ポケットを作る

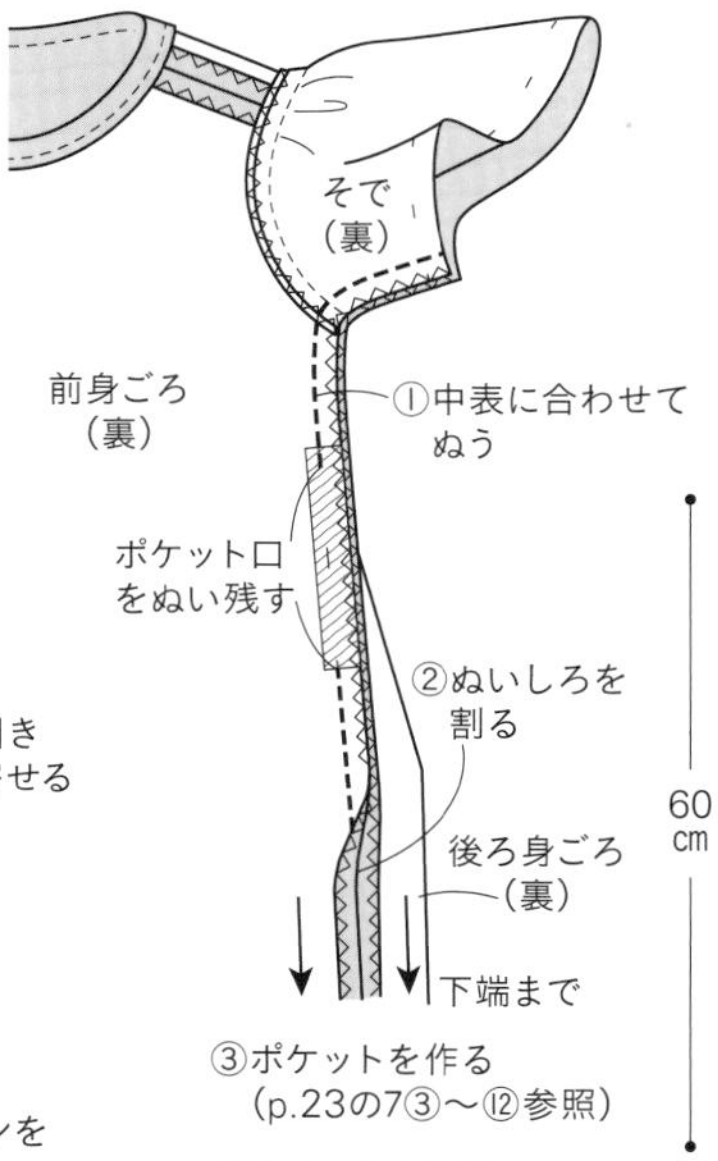

そで
(裏)
前身ごろ
(裏)
①中表に合わせて
ぬう
ポケット口
をぬい残す
②ぬいしろを
割る
後ろ身ごろ
(裏)
下端まで
③ポケットを作る
(p.23の7③〜⑫参照)

※もう一方も同様

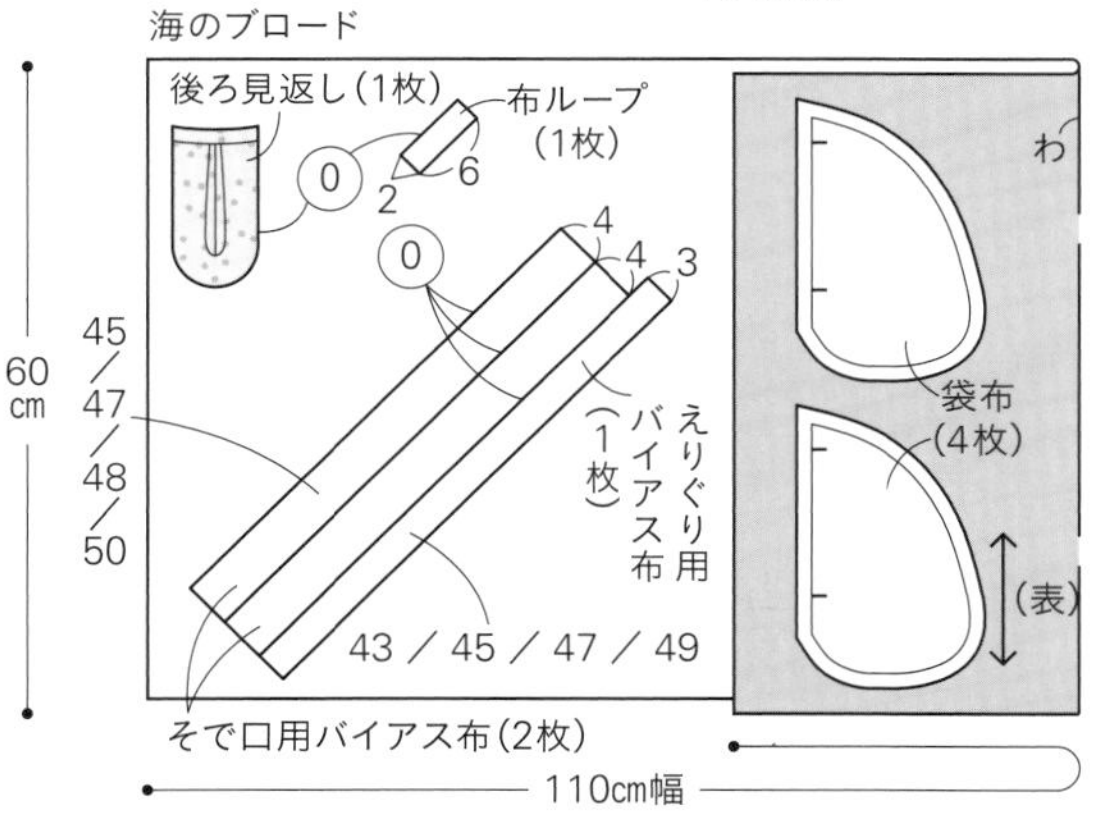

海のブロード
後ろ見返し(1枚)
布ループ
(1枚)
0
2
6
0
4
4
3
60
cm
45
47
48
50
えりぐり用
バイアス布
(1枚)
43／45／47／49
わ
袋布
(4枚)
(表)
そで口用バイアス布(2枚)
110cm幅

次ページに続く→

8. そで口を始末し、ゴムテープを通す

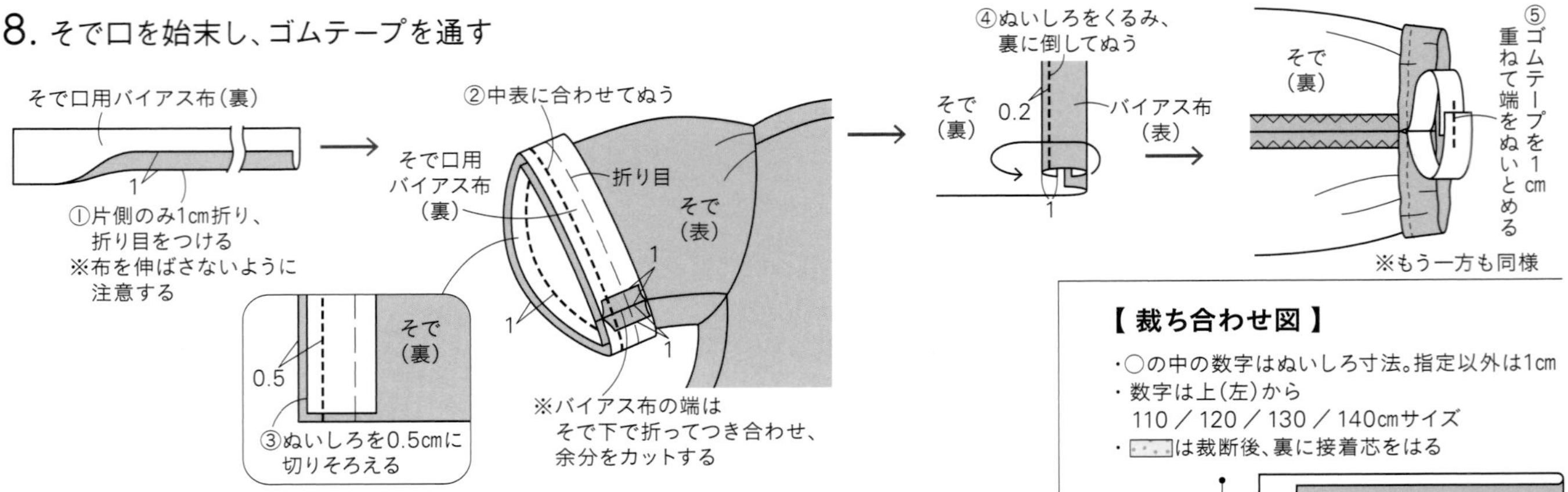

そで口用バイアス布(裏)
1
①片側のみ1cm折り、
折り目をつける
※布を伸ばさないように
注意する
②中表に合わせてぬう
そで口用
バイアス布
(裏)
折り目
そで
(表)
1
1
1
0.5
そで
(裏)
③ぬいしろを0.5cmに
切りそろえる
※バイアス布の端は
そで下で折ってつき合わせ、
余分をカットする
④ぬいしろをくるみ、
裏に倒してぬう
そで
(裏)
0.2
バイアス布
(表)
1
そで
(裏)
⑤ゴムテープを1cm
重ねて端をぬいとめる
※もう一方も同様

A-4

photo p.6

型紙…A面

【材料】数字は左から
110／120／130／140cmサイズ
布地：綿(ドットミニヨン 白にピンク)
105cm幅×230／260／270／290cm
その他：接着芯…10×20cm

【でき上がり寸法】 単位：cm

	110	120	130	140
胸囲	76	82	88	94
着丈	69	77	85	93

【作り方順序】

1. ぬいしろの始末をする
(p.21の1参照)

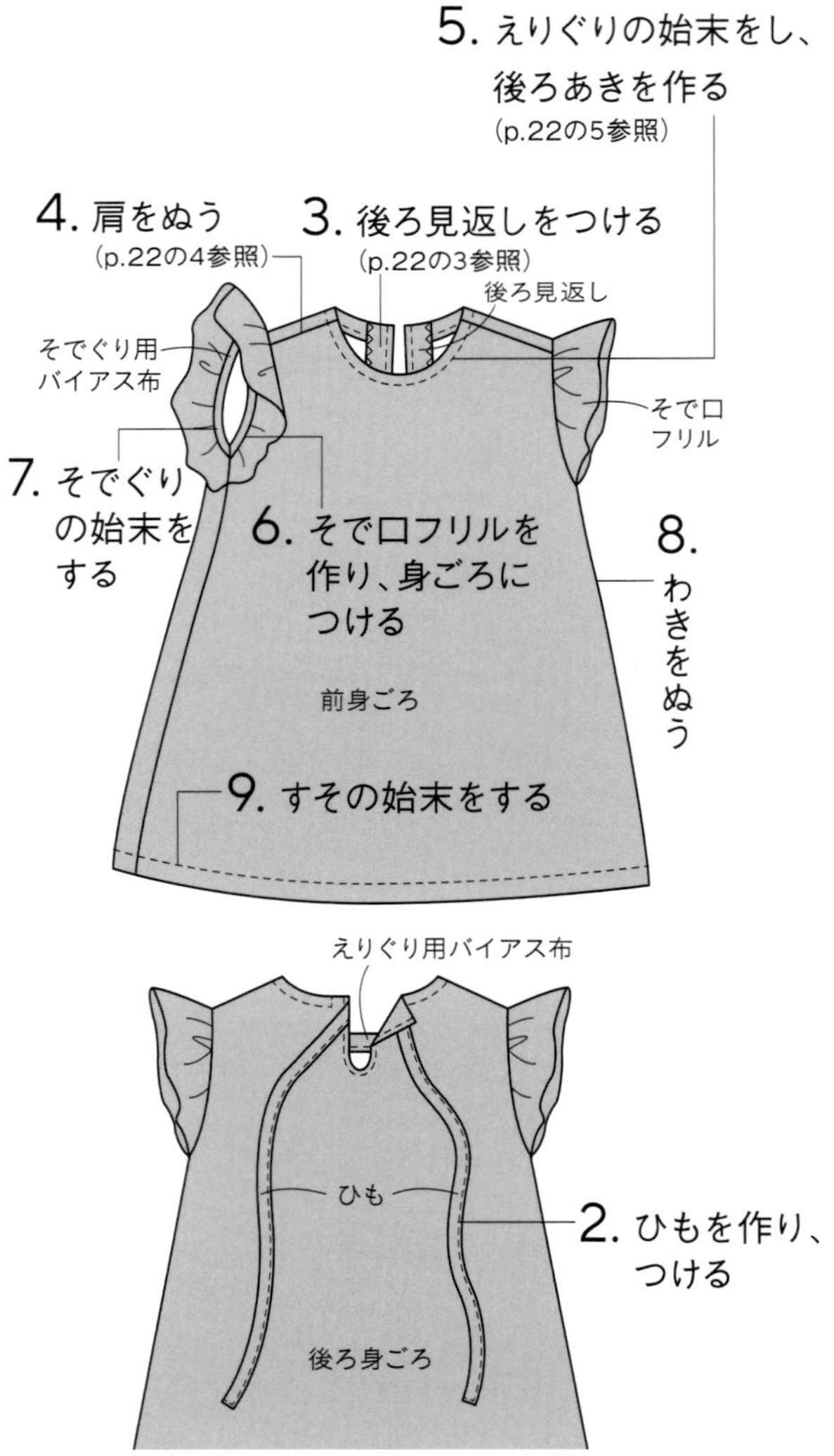

5. えりぐりの始末をし、
後ろあきを作る
(p.22の5参照)
4. 肩をぬう
(p.22の4参照)
3. 後ろ見返しをつける
(p.22の3参照)
後ろ見返し
そでぐり用
バイアス布
そで口
フリル
7. そでぐり
の始末を
する
6. そで口フリルを
作り、身ごろに
つける
8. わきをぬう
前身ごろ
9. すその始末をする
えりぐり用バイアス布
ひも
2. ひもを作り、
つける
後ろ身ごろ

★＝43／45／47／49
☆＝34／35／36／37

【裁ち合わせ図】
・○の中の数字はぬいしろ寸法。指定以外は1cm
・数字は上(左)から
110／120／130／140cmサイズ
・▒は裁断後、裏に接着芯をはる

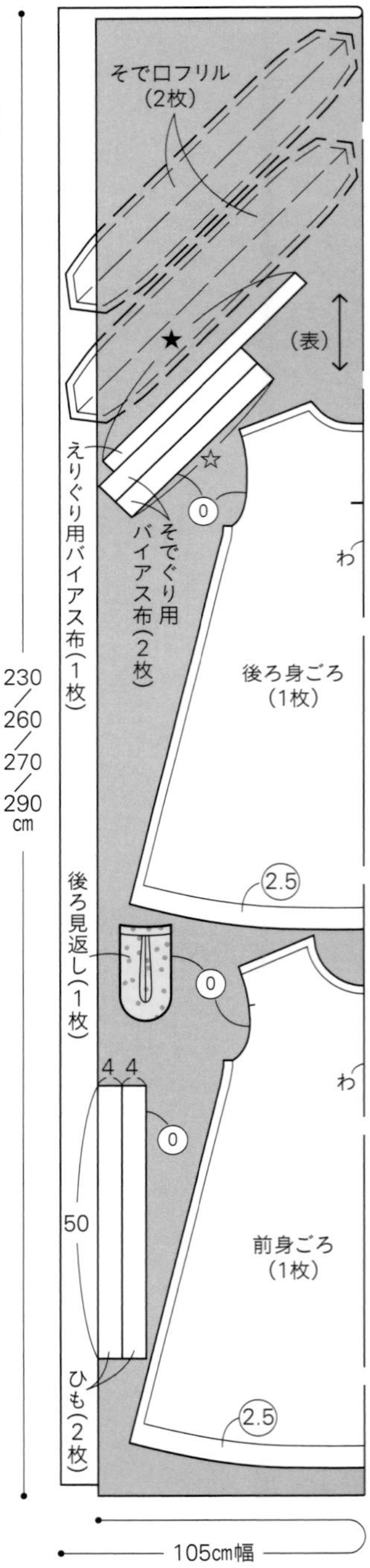

そで口フリル
(2枚)
★
(表)
☆
えりぐり用バイアス布(1枚)
そでぐり用
バイアス布(2枚)
0
わ
後ろ身ごろ
(1枚)
230
／
260
／
270
／
290
cm
2.5
後ろ見返し(1枚)
0
わ
4 4
0
50
前身ごろ
(1枚)
ひも(2枚)
2.5
105cm幅

【作り方】

2. ひもを作り、つける

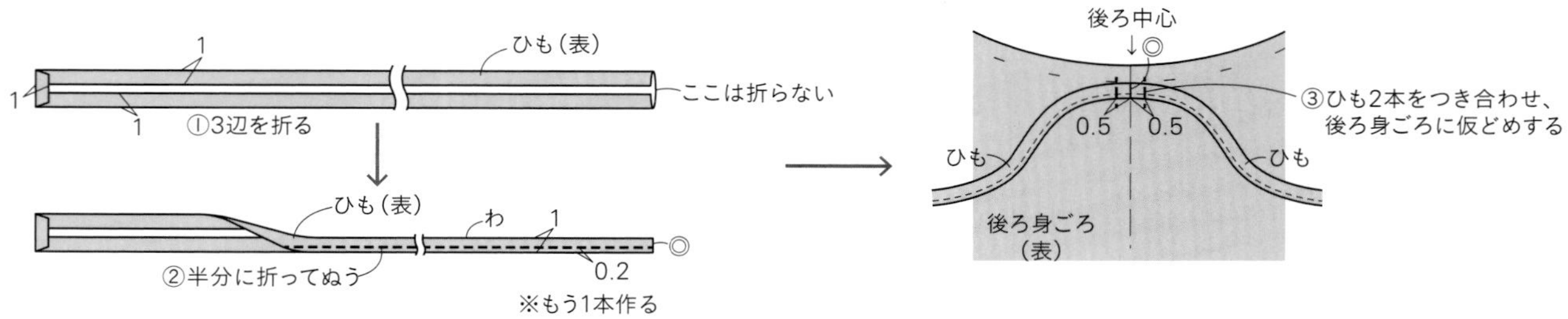
1
1
1
ひも(表)
ここは折らない
①3辺を折る
ひも(表)
わ
1
②半分に折ってぬう
0.2
※もう1本作る
後ろ中心
③ひも2本をつき合わせ、
後ろ身ごろに仮どめする
0.5
0.5
ひも
ひも
後ろ身ごろ
(表)

6. そで口フリルを作り、身ごろにつける

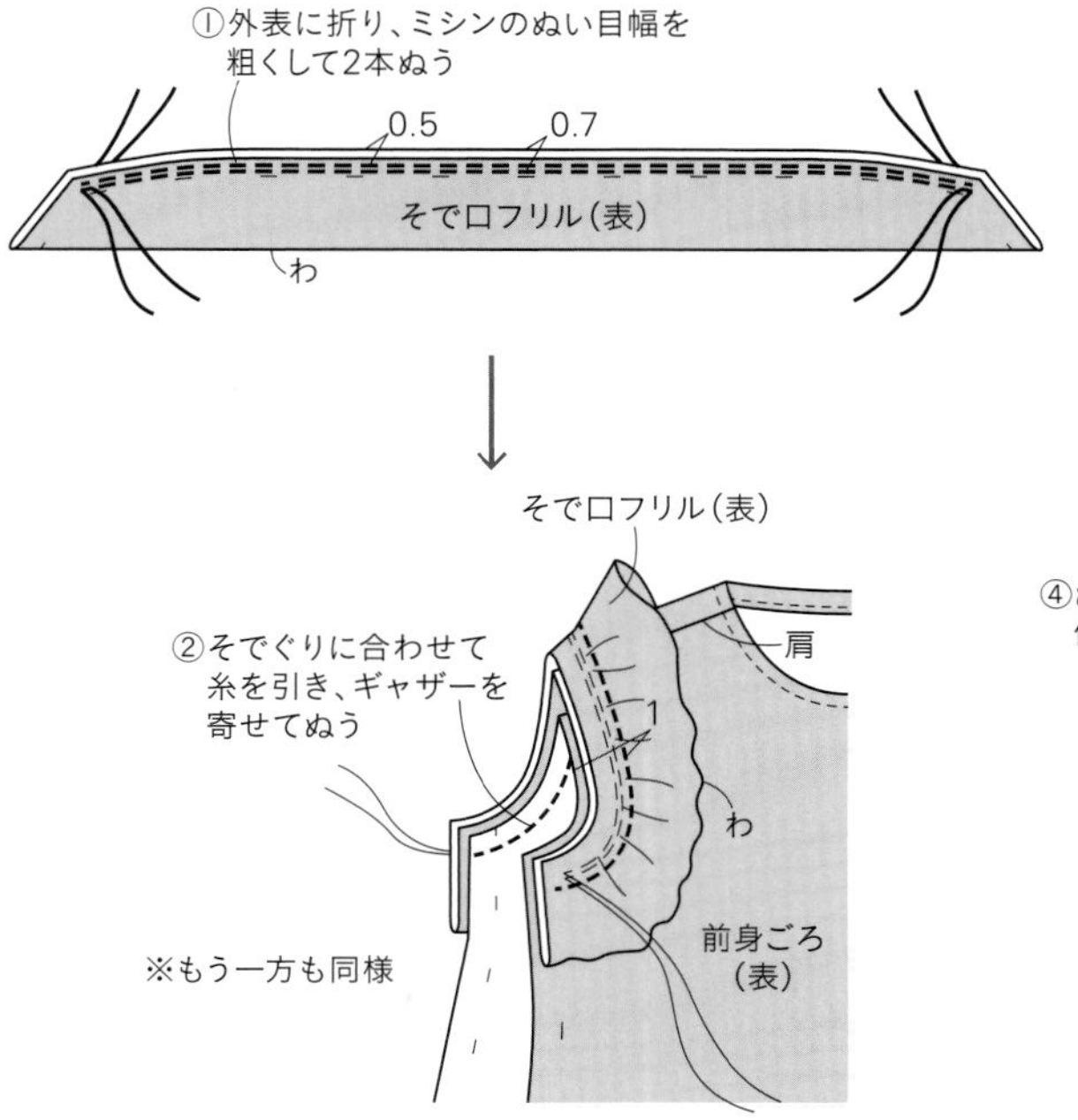
①外表に折り、ミシンのぬい目幅を
粗くして2本ぬう
0.5
0.7
そで口フリル(表)
わ
そで口フリル(表)
②そでぐりに合わせて
糸を引き、ギャザーを
寄せてぬう
肩
1
わ
前身ごろ
(表)
※もう一方も同様

7. そでぐりの始末をする

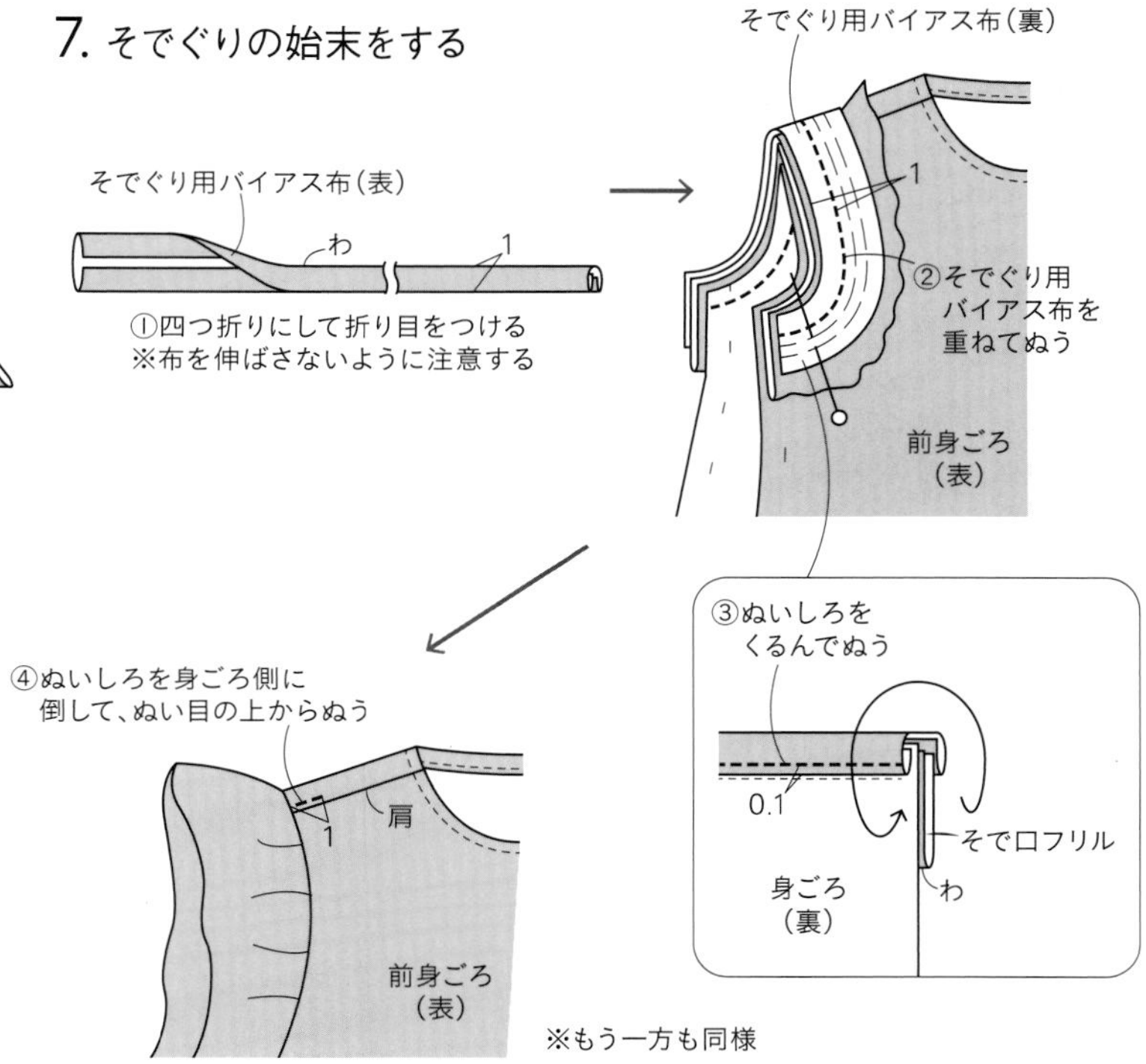
そでぐり用バイアス布(裏)
そでぐり用バイアス布(表)
わ
1
①四つ折りにして折り目をつける
※布を伸ばさないように注意する
1
②そでぐり用
バイアス布を
重ねてぬう
前身ごろ
(表)
③ぬいしろを
くるんでぬう
0.1
そで口フリル
わ
身ごろ
(裏)
④ぬいしろを身ごろ側に
倒して、ぬい目の上からぬう
肩
1
前身ごろ
(表)
※もう一方も同様

8. わきをぬう

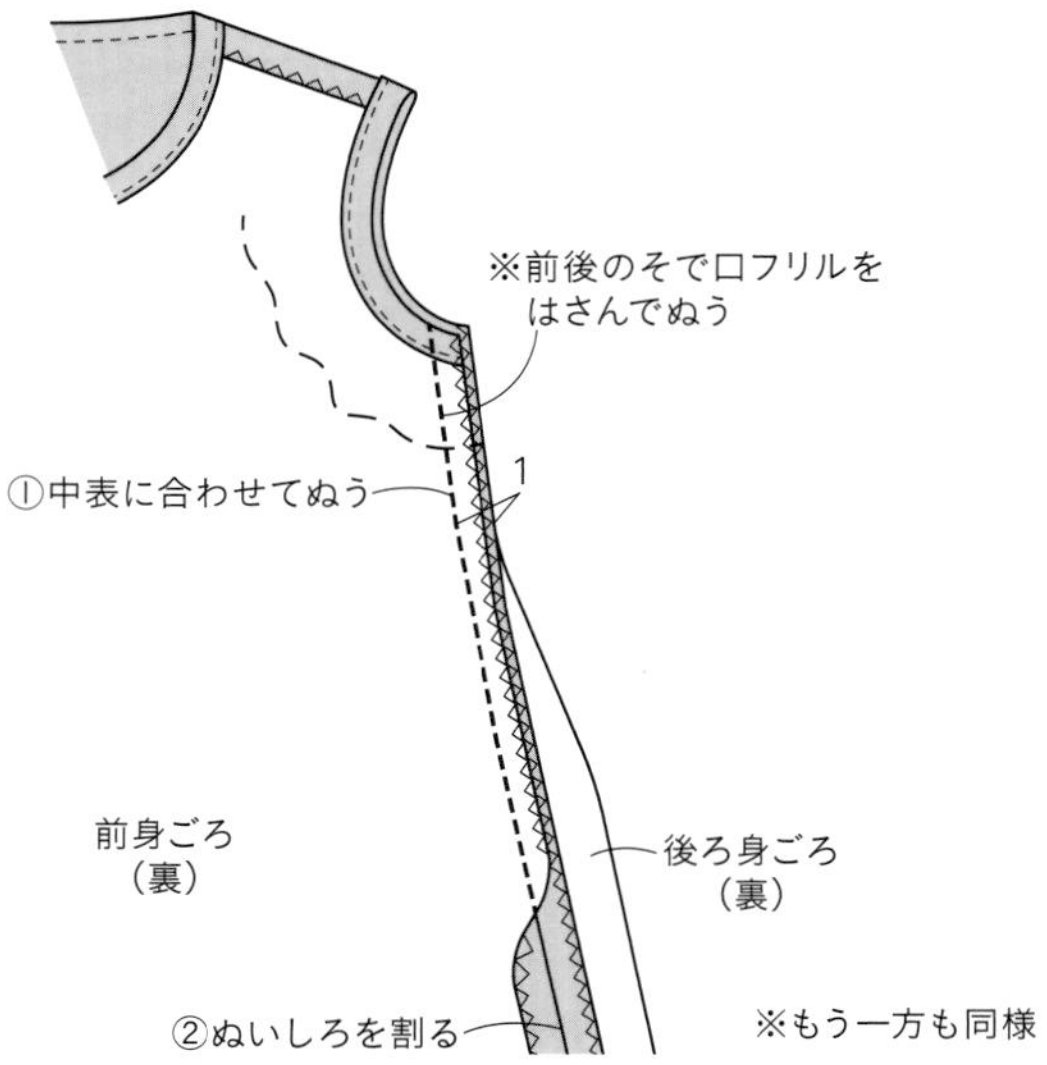
※前後のそで口フリルを
はさんでぬう
①中表に合わせてぬう
1
前身ごろ
(裏)
後ろ身ごろ
(裏)
②ぬいしろを割る
※もう一方も同様

9. すその始末をする

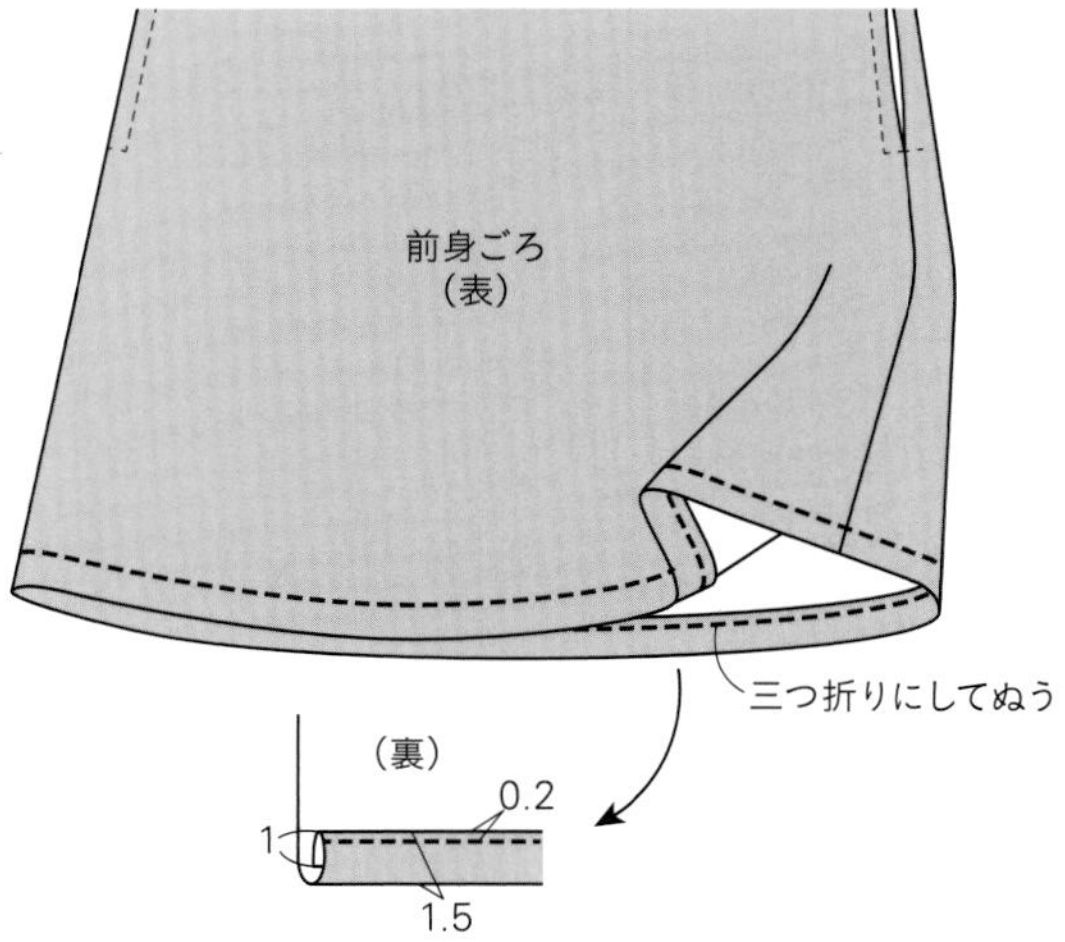
前身ごろ
(表)
三つ折りにしてぬう
(裏)
0.2
1
1.5

B

photo p.7

型紙…B面

【材料】数字は左から
110／120／130／140cmサイズ
布地：綿麻(星の綿麻 作品左・ブルーグレーにシルバー／作品右・ソイラテにゴールド)
110cm幅×210／220／250／260cm
その他：接着芯…10×20cm

【でき上がり寸法】 単位：cm

	110	120	130	140
胸囲	70.5	74.5	78.5	82.5
着丈	67	75	83	91

【裁ち合わせ図】

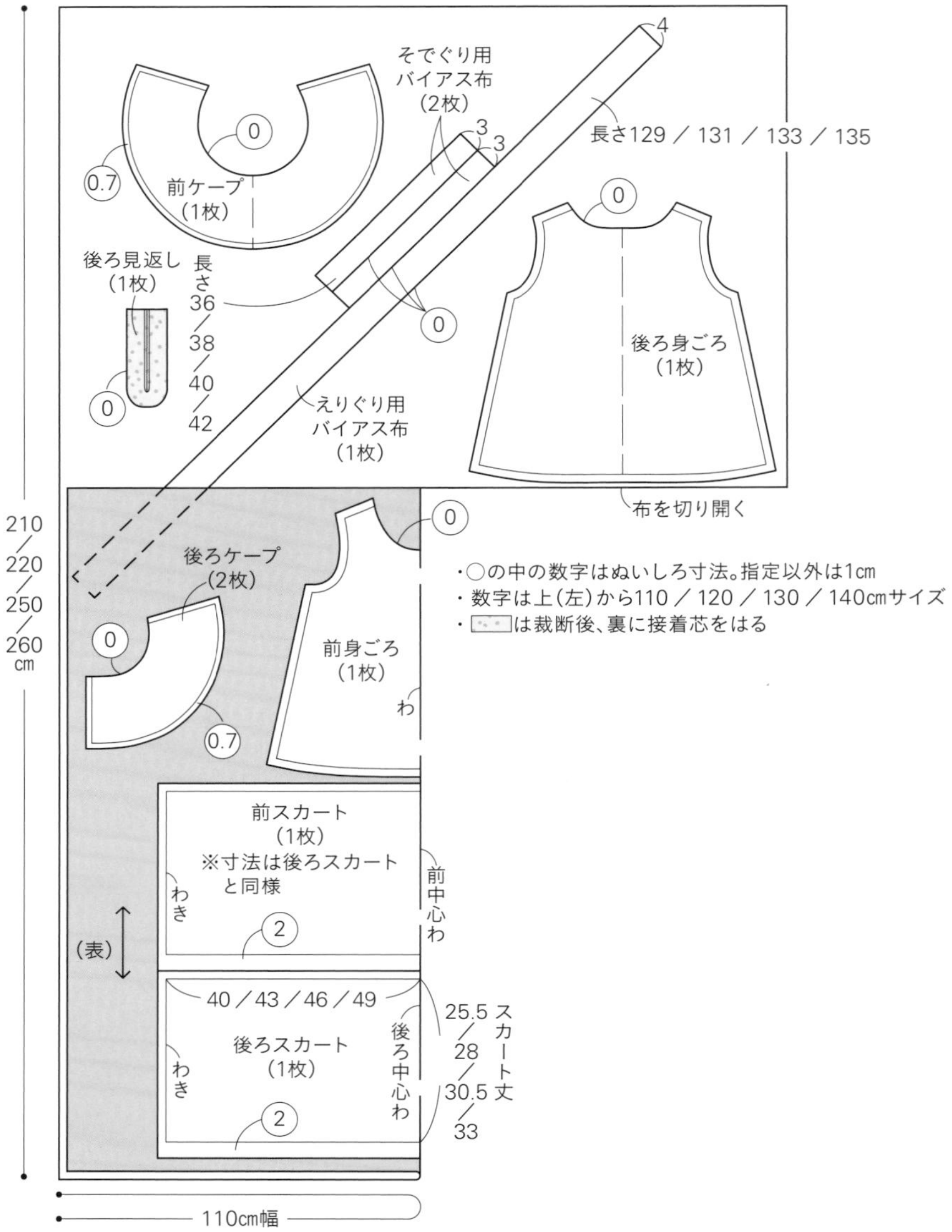

そでぐり用
バイアス布
(2枚)
4
3
3
長さ129／131／133／135
前ケープ
(1枚)
0
0.7
後ろ見返し
(1枚)
長さ36／38／40／42
0
後ろ身ごろ
(1枚)
えりぐり用
バイアス布
(1枚)
布を切り開く
210／220／250／260cm
後ろケープ
(2枚)
前身ごろ
(1枚)
わ
・○の中の数字はぬいしろ寸法。指定以外は1cm
・数字は上(左)から110／120／130／140cmサイズ
・は裁断後、裏に接着芯をはる
前スカート
(1枚)
※寸法は後ろスカートと同様
わき
前中心わ
2
(表)
40／43／46／49
25.5／28／30.5／33
スカート丈
後ろスカート
(1枚)
後ろ中心わ
110cm幅

【作り方順序】

1. ぬいしろの始末をする

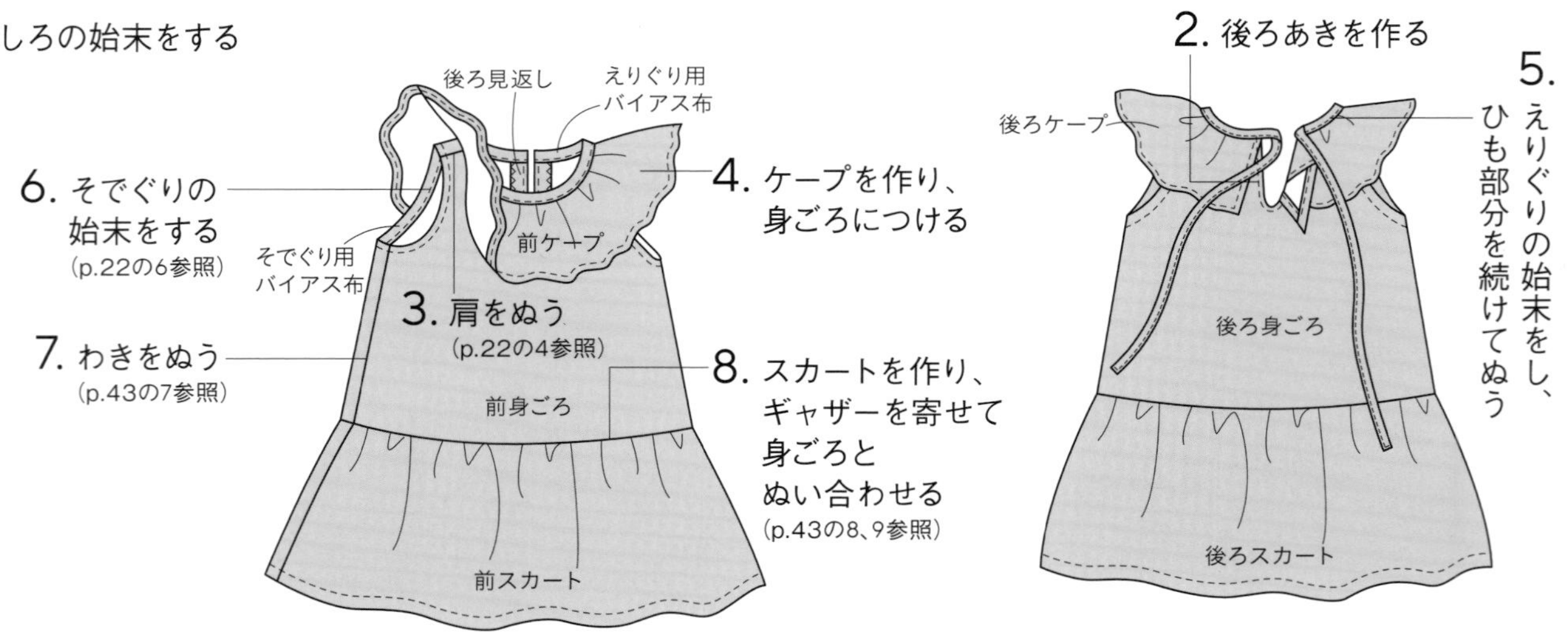

後ろ見返し
えりぐり用
バイアス布
6. そでぐりの始末をする
(p.22の6参照)
そでぐり用
バイアス布
4. ケープを作り、身ごろにつける
前ケープ
3. 肩をぬう
(p.22の4参照)
7. わきをぬう
(p.43の7参照)
前身ごろ
8. スカートを作り、ギャザーを寄せて身ごろとぬい合わせる
(p.43の8、9参照)
前スカート
2. 後ろあきを作る
後ろケープ
5. えりぐりの始末をし、ひも部分を続けてぬう
後ろ身ごろ
後ろスカート

【作り方】

1. ぬいしろの始末をする

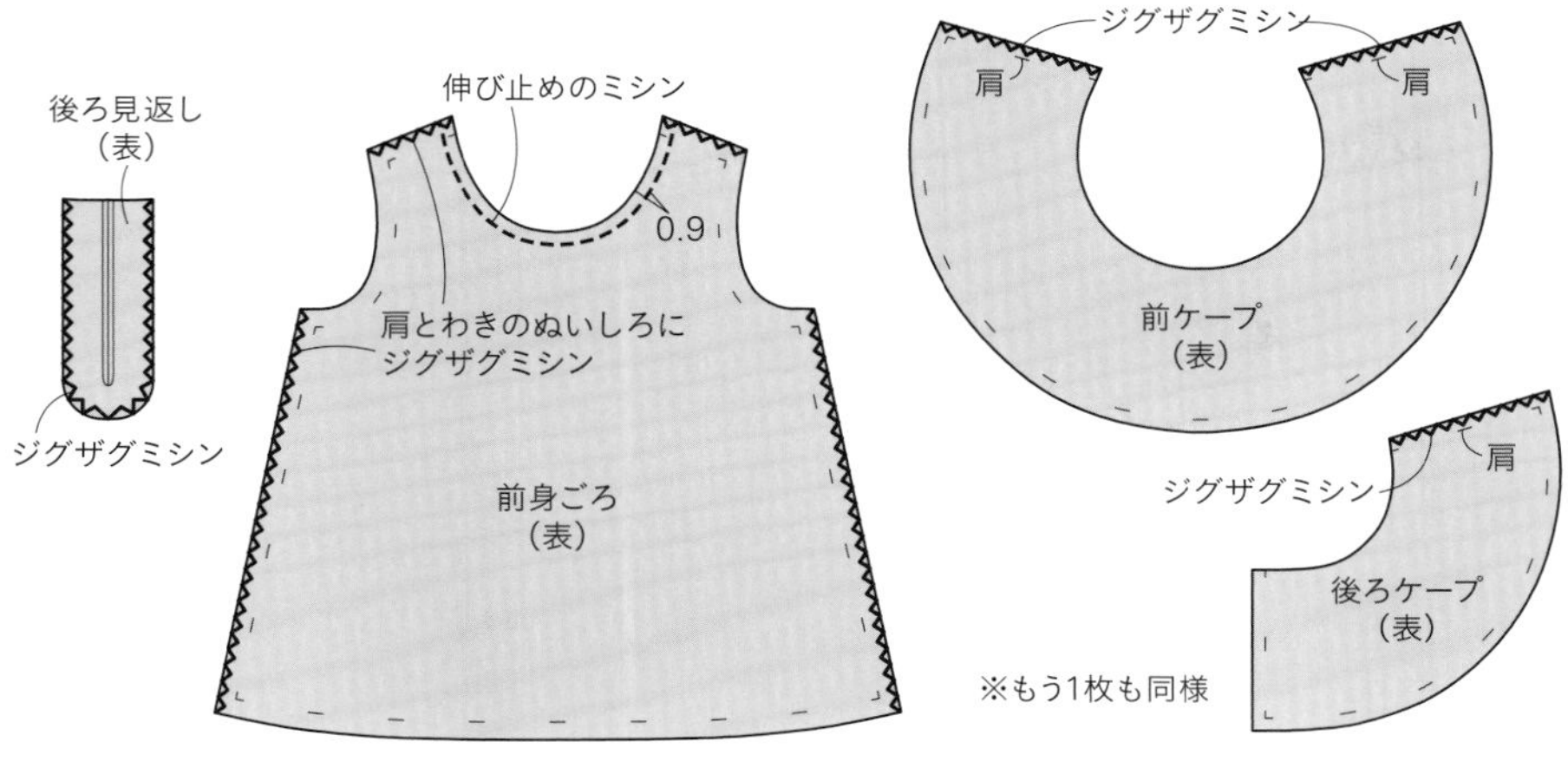

後ろ見返し
(表)
ジグザグミシン
伸び止めのミシン
0.9
肩とわきのぬいしろに
ジグザグミシン
前身ごろ
(表)
ジグザグミシン
肩
肩
前ケープ
(表)
ジグザグミシン
肩
後ろケープ
(表)
※もう1枚も同様

※後ろ身ごろも同様

2. 後ろあきを作る

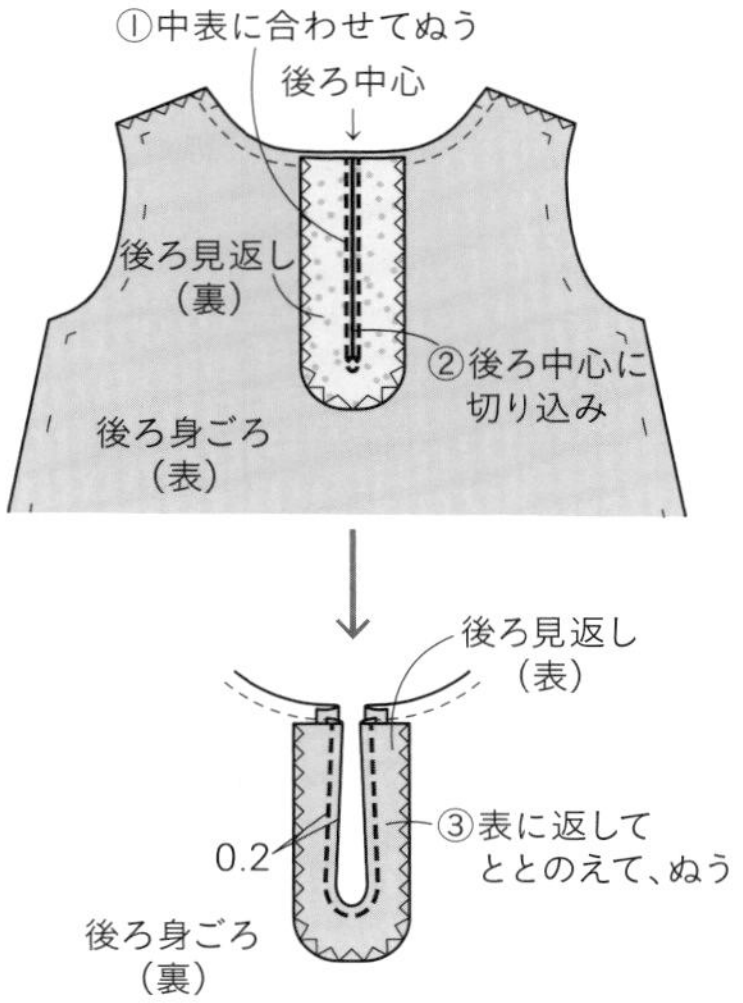

①中表に合わせてぬう
後ろ中心
後ろ見返し
(裏)
②後ろ中心に
切り込み
後ろ身ごろ
(表)
後ろ見返し
(表)
0.2
③表に返して
ととのえて、ぬう
後ろ身ごろ
(裏)

4. ケープを作り、身ごろにつける

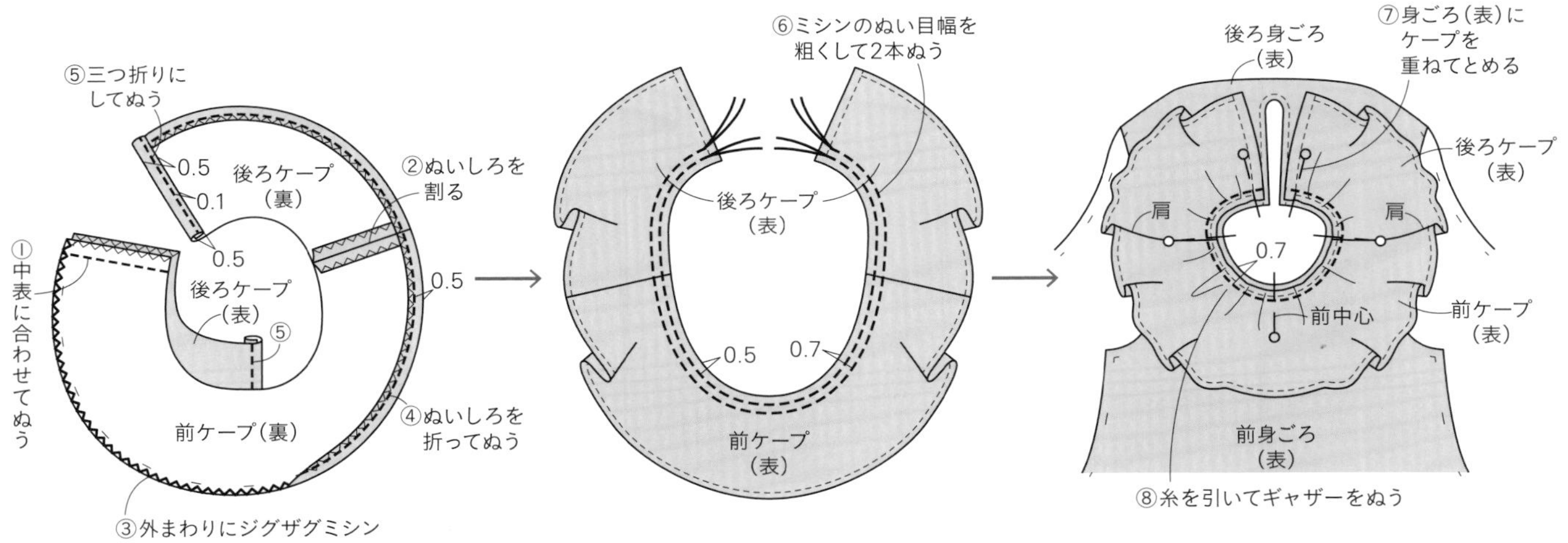

⑤三つ折りに
してぬう
0.5
0.1
後ろケープ
(裏)
②ぬいしろを
割る
①中表に合わせてぬう
0.5
後ろケープ
(表)
⑤
0.5
前ケープ(裏)
④ぬいしろを
折ってぬう
③外まわりにジグザグミシン
⑥ミシンのぬい目幅を
粗くして2本ぬう
後ろケープ
(表)
0.5
0.7
前ケープ
(表)
後ろ身ごろ
(表)
⑦身ごろ(表)に
ケープを
重ねてとめる
後ろケープ
(表)
肩
肩
0.7
前中心
前ケープ
(表)
前身ごろ
(表)
⑧糸を引いてギャザーをぬう

5. えりぐりの始末をし、ひも部分を続けてぬう

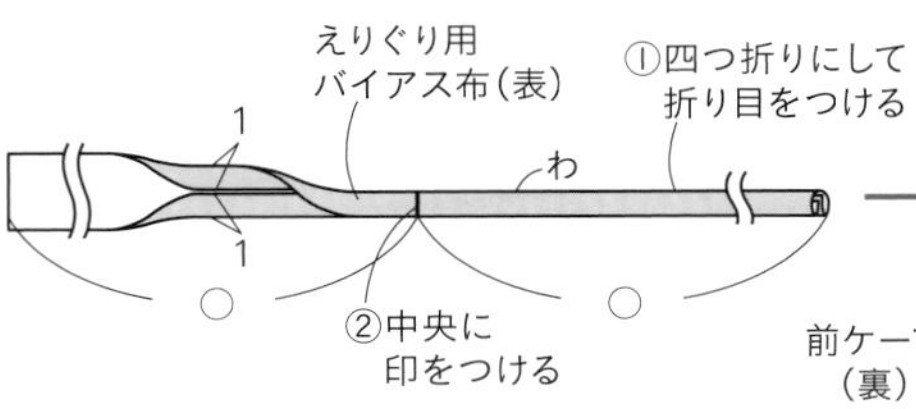

えりぐり用
バイアス布(表)
①四つ折りにして
折り目をつける
1
1
わ
②中央に
印をつける

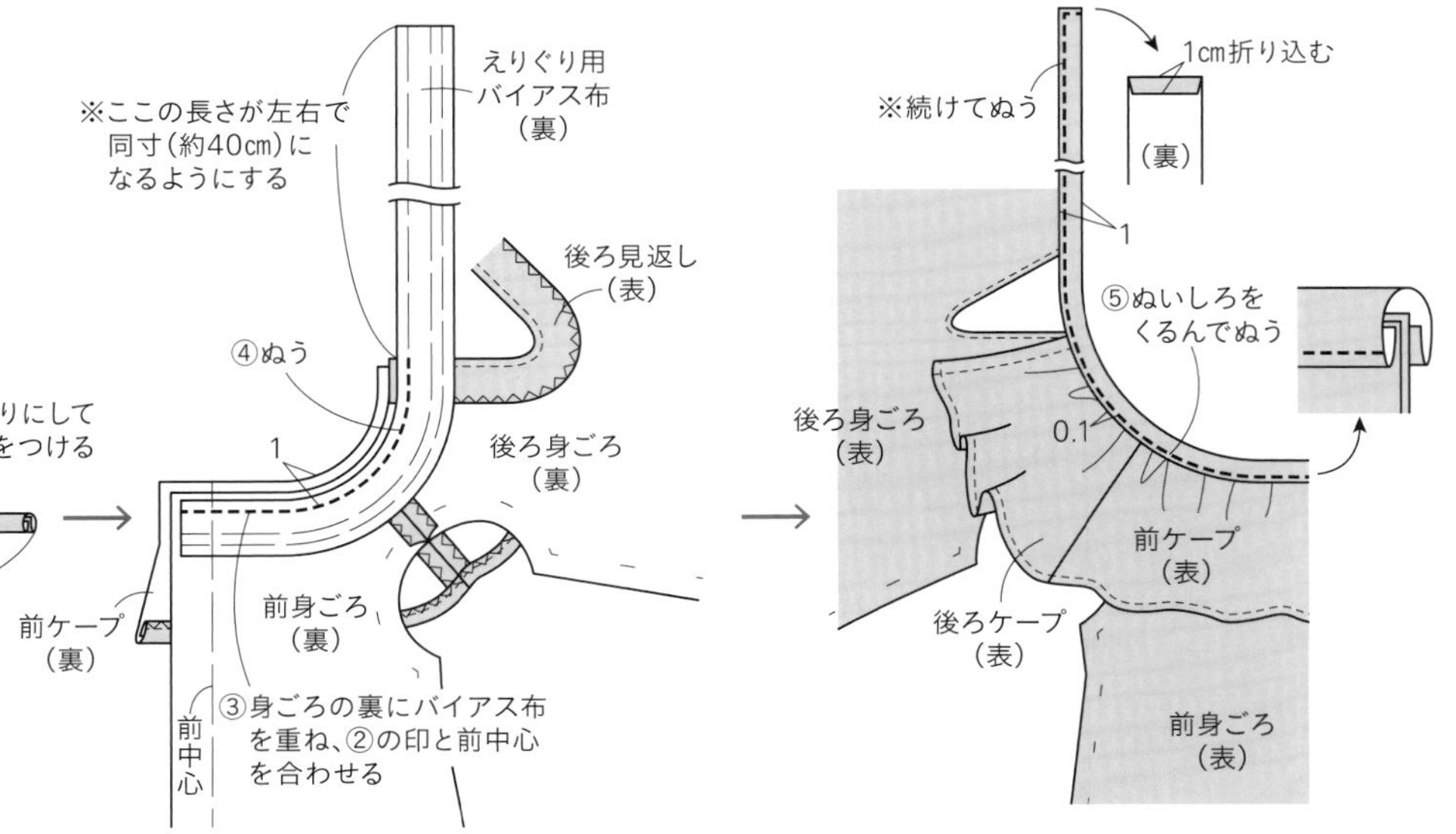

※ここの長さが左右で
同寸(約40cm)に
なるようにする
えりぐり用
バイアス布
(裏)
後ろ見返し
(表)
④ぬう
1
後ろ身ごろ
(裏)
前身ごろ
(裏)
前ケープ
(裏)
前中心
③身ごろの裏にバイアス布
を重ね、②の印と前中心
を合わせる
※続けてぬう
1cm折り込む
(裏)
1
⑤ぬいしろを
くるんでぬう
後ろ身ごろ
(表)
0.1
前ケープ
(表)
後ろケープ
(表)
前身ごろ
(表)

C

photo p.8､9

型紙…C面

【 材料 】数字は左から
110 ／120 ／130 ／140cmサイズ
布地：作品右・綿(リバティ Frieze ターコイズ地)
108cm幅×220 ／240 ／260 ／270cm
作品左・麻(やさしいリネン コーラル)
120cm幅×220 ／240 ／260 ／270cm
その他：ボタン…直径1.1cm×1個

【 でき上がり寸法 】 単位：cm

	110	120	130	140
胸囲	72	76	80	84
着丈	74	82	90	98

【 裁ち合わせ図 】

・○の中の数字はぬいしろ寸法。指定以外は1cm
・数字は上(左)から110 ／ 120 ／ 130 ／ 140cmサイズ

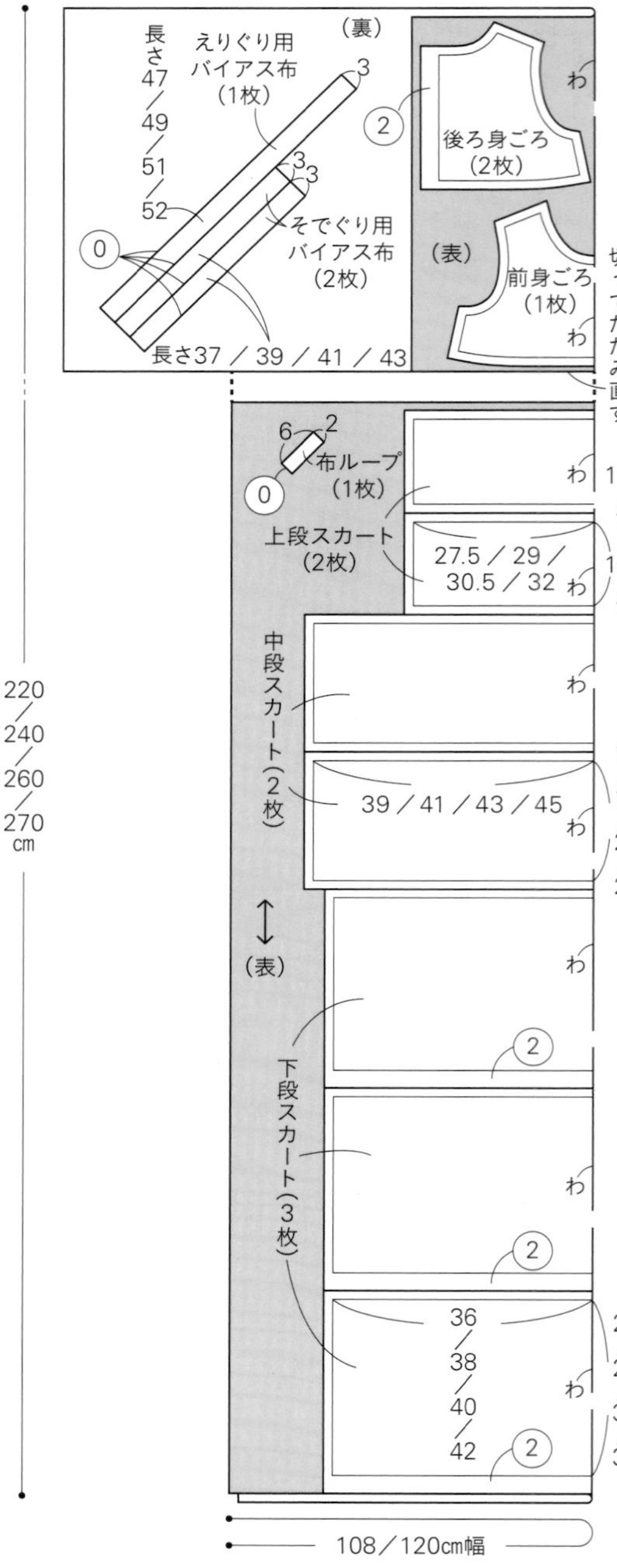

(裏)
長さ47／49／51／52
えりぐり用バイアス布(1枚)
3
0
3
3
そでぐり用バイアス布(2枚)
長さ37 ／ 39 ／ 41 ／ 43
2
後ろ身ごろ(2枚)
わ
(表)
前身ごろ(1枚)
わ
切ってたたみ直す
6
2
布ループ(1枚)
0
上段スカート(2枚)
27.5 ／ 29 ／ 30.5 ／ 32
わ
11.5／13／14.5／16
中段スカート(2枚)
39 ／ 41 ／ 43 ／ 45
わ
17／19／21／23
220／240／260／270cm
(表)
下段スカート(3枚)
わ
2
36／38／40／42
23／28／31／34
108／120cm幅

【 作り方順序 】

1. ぬいしろの始末をする

3. 肩をぬう
(p.22の4参照)

6. そでぐりの始末をする
(p.22の6参照)

7. わきをぬう
(p.43の7参照)

8. スカートを作る

えりぐり用バイアス布
そでぐり用バイアス布
前身ごろ
上段スカート
中段スカート
下段スカート

5. えりぐりの始末をし、布ループをつける

4. 布ループを作る
(p.22の2①～⑥参照)

9. ボタンをつける

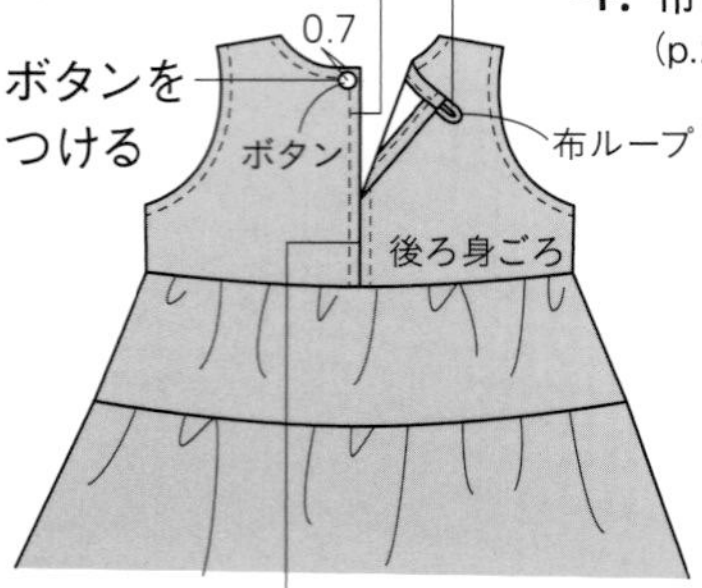

0.7
ボタン
布ループ
後ろ身ごろ

2. 後ろ中心をぬい、あきを作る

【 作り方 】

1. ぬいしろの始末をする

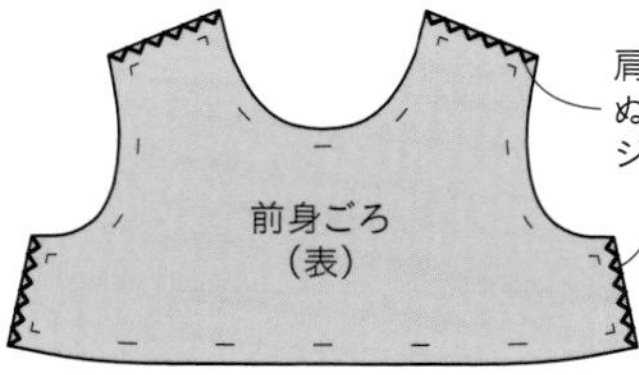

前身ごろ
(表)
肩とわきのぬいしろにジグザグミシン

※後ろ身ごろも同様

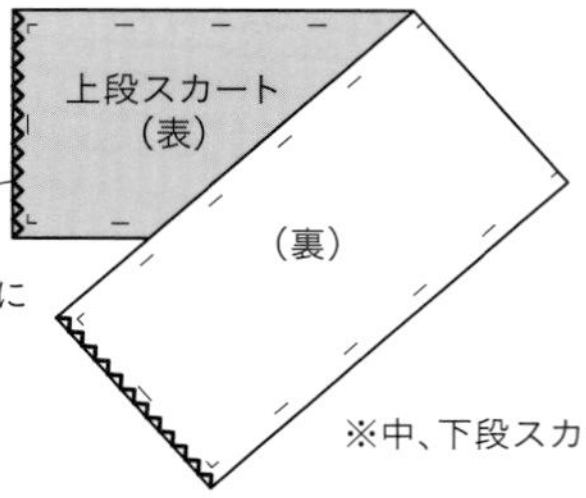

上段スカート
(表)
(裏)
わきのぬいしろにジグザグミシン

※中、下段スカートも同様

2. 後ろ中心をぬい、あきを作る

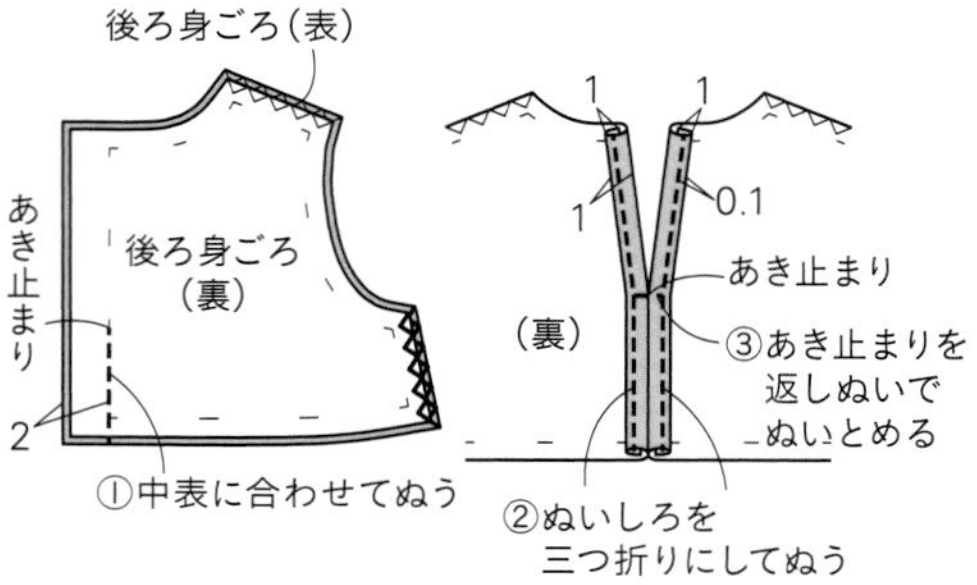

後ろ身ごろ（表）
あき止まり
後ろ身ごろ（裏）
2
①中表に合わせてぬう
1
1
1
0.1
あき止まり
（裏）
③あき止まりを返しぬいでぬいとめる
②ぬいしろを三つ折りにしてぬう

5. えりぐりの始末をし、布ループをつける

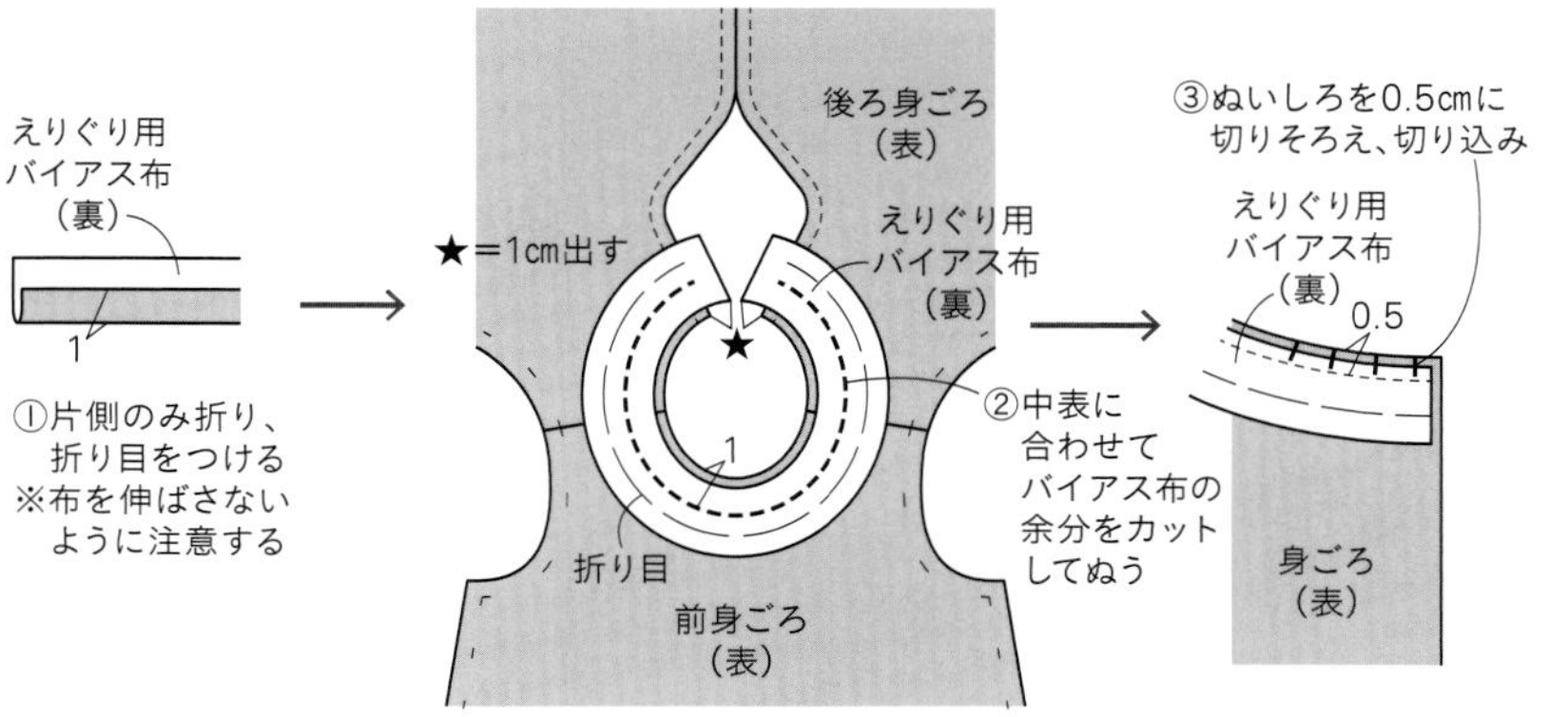

えりぐり用バイアス布（裏）
1
①片側のみ折り、折り目をつける
※布を伸ばさないように注意する
後ろ身ごろ（表）
★＝1cm出す
えりぐり用バイアス布（裏）
★
1
折り目
前身ごろ（表）
②中表に合わせてバイアス布の余分をカットしてぬう
③ぬいしろを0.5cmに切りそろえ、切り込み
えりぐり用バイアス布（裏）
0.5
身ごろ（表）

8. スカートを作る

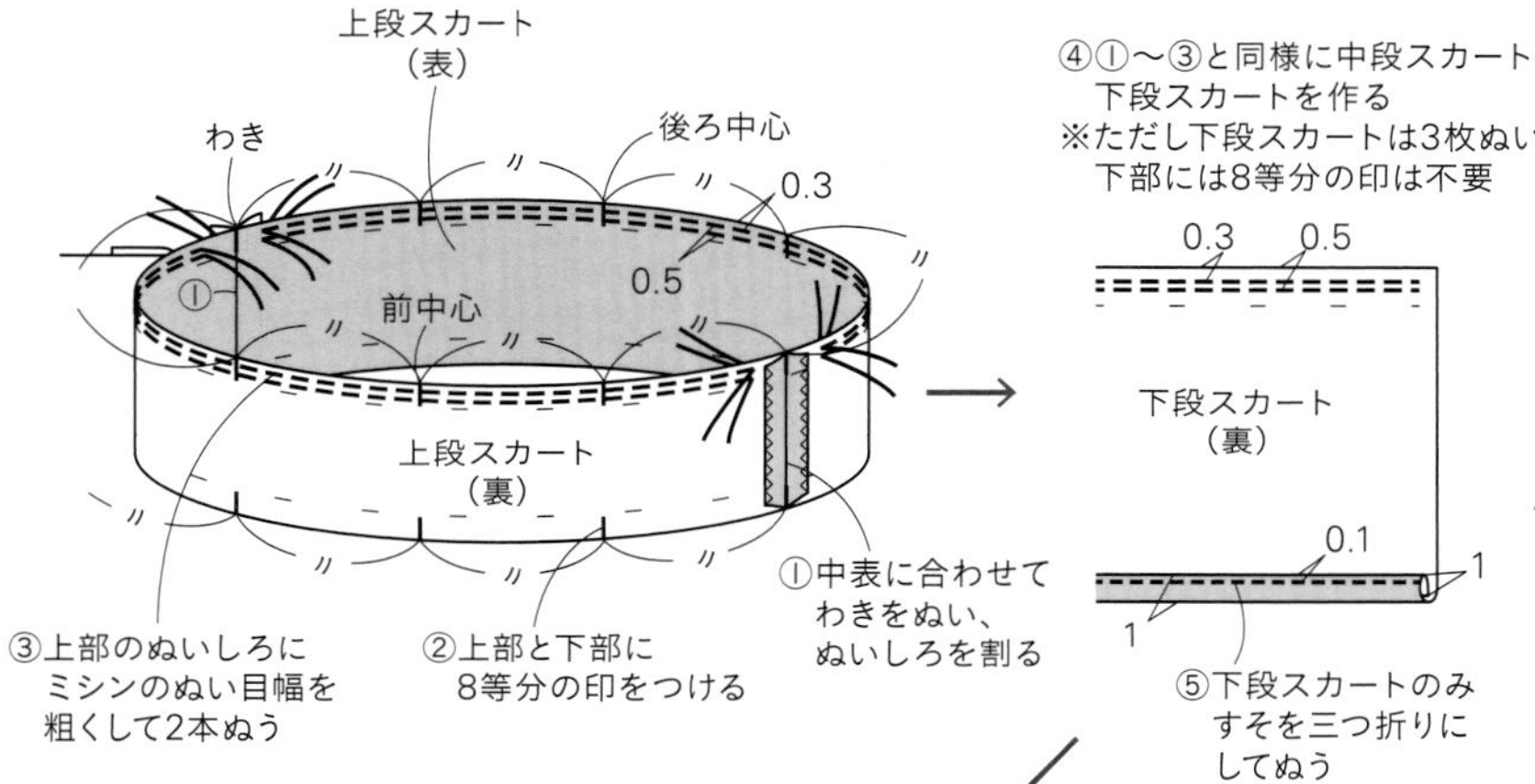

上段スカート（表）
わき
後ろ中心
0.3
0.5
前中心
上段スカート（裏）
③上部のぬいしろにミシンのぬい目幅を粗くして2本ぬう
②上部と下部に8等分の印をつける
①中表に合わせてわきをぬい、ぬいしろを割る
④①～③と同様に中段スカート、下段スカートを作る
※ただし下段スカートは3枚ぬい合わせ、下部には8等分の印は不要
0.3
0.5
下段スカート（裏）
0.1
1
1
⑤下段スカートのみすそを三つ折りにしてぬう

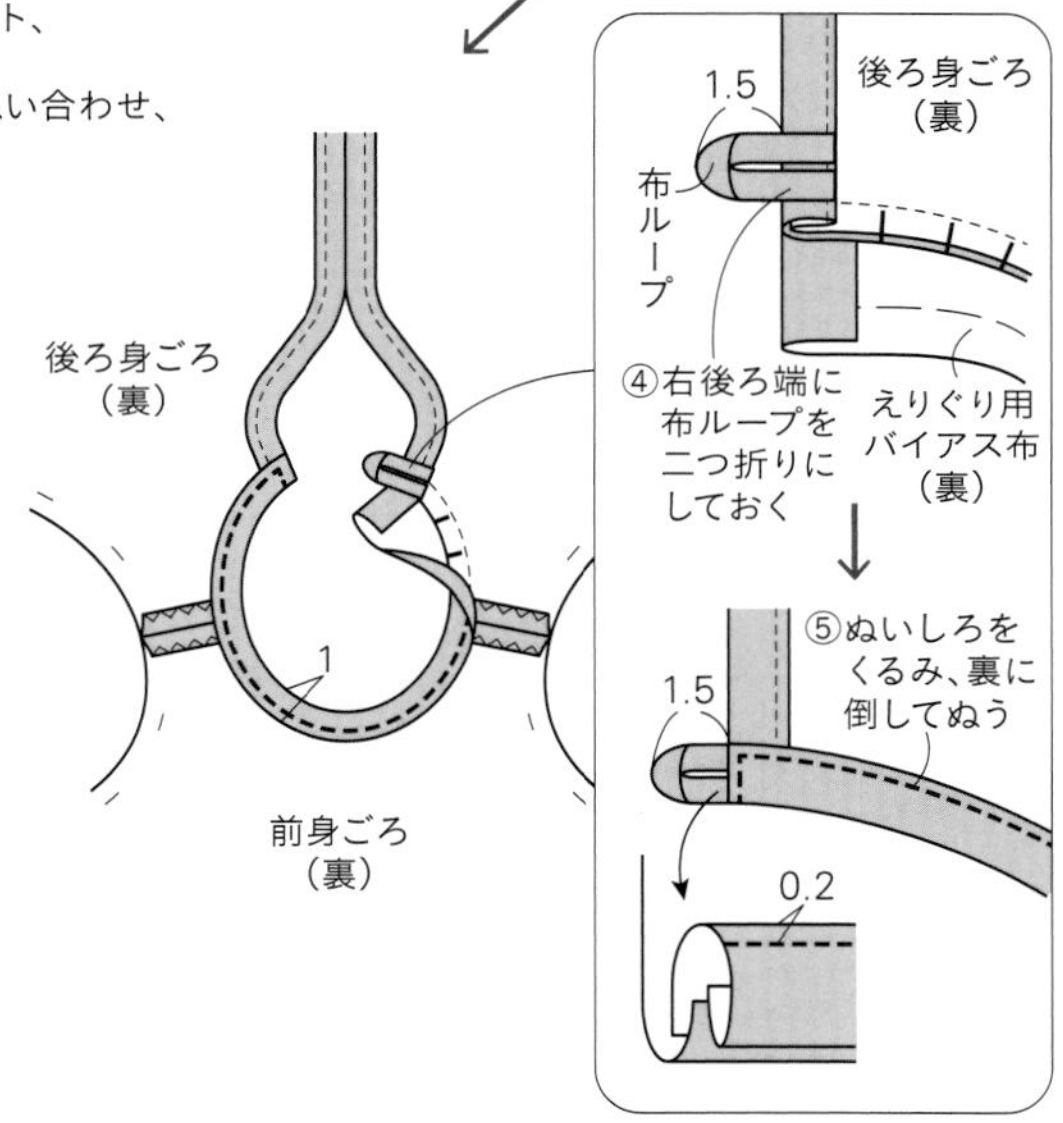

後ろ身ごろ（裏）
1
前身ごろ（裏）
1.5
後ろ身ごろ（裏）
布ループ
④右後ろ端に布ループを二つ折りにしておく
えりぐり用バイアス布（裏）
1.5
⑤ぬいしろをくるみ、裏に倒してぬう
0.2

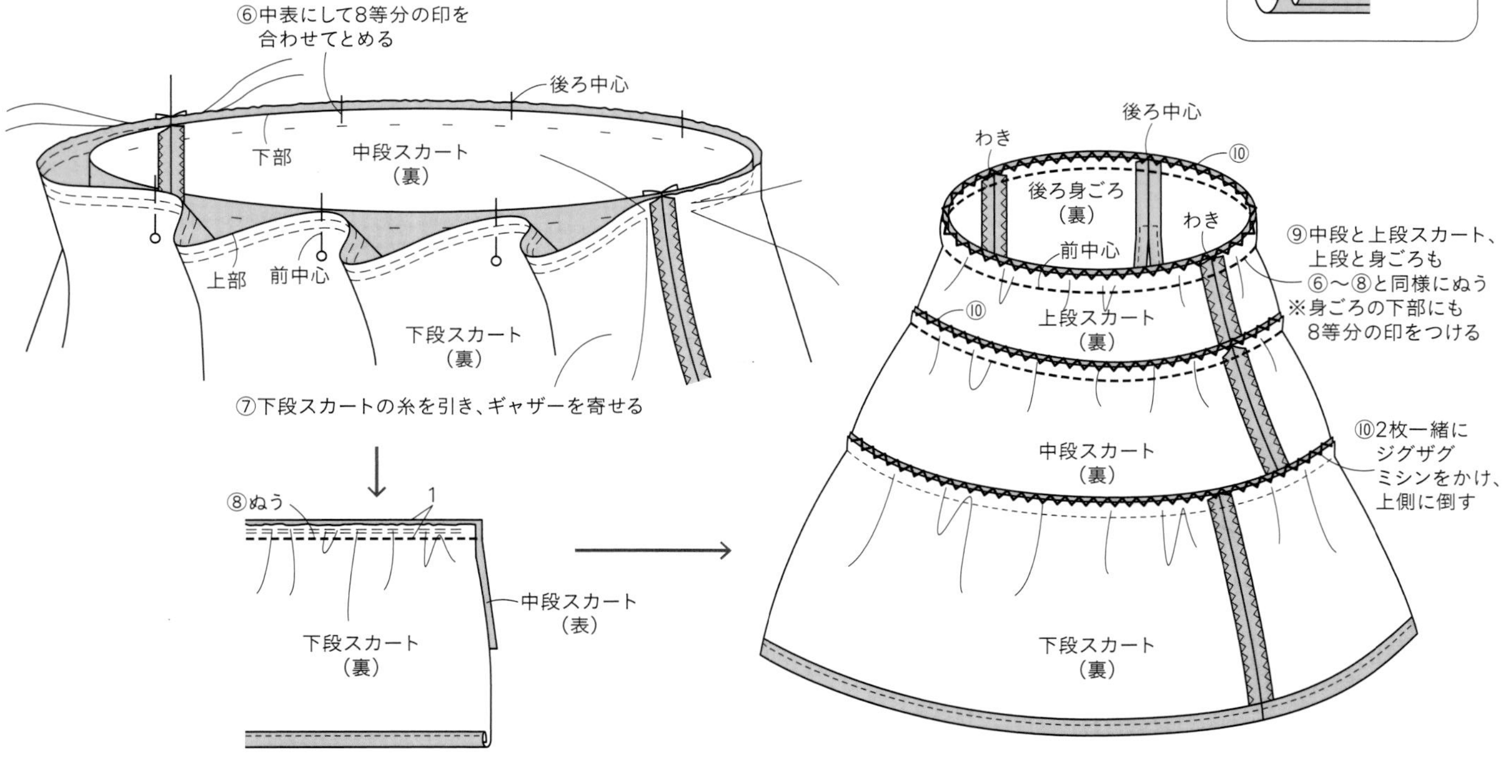

⑥中表にして8等分の印を合わせてとめる
後ろ中心
下部
中段スカート（裏）
上部
前中心
下段スカート（裏）
⑦下段スカートの糸を引き、ギャザーを寄せる
⑧ぬう
1
中段スカート（表）
下段スカート（裏）
後ろ中心
わき
⑩
後ろ身ごろ（裏）
わき
前中心
⑨中段と上段スカート、上段と身ごろも⑥～⑧と同様にぬう
※身ごろの下部にも8等分の印をつける
⑩
上段スカート（裏）
中段スカート（裏）
⑩2枚一緒にジグザグミシンをかけ、上側に倒す
下段スカート（裏）

D-1

photo p.10

型紙…D面

【材料】数字は左から
110 ／120 ／130 ／140㎝サイズ
布地：綿(コットンパピエギンガムチェック グリーン)
105㎝幅×310 ／330 ／350 ／360㎝
＊ただし140㎝サイズは布地の耳まで使う
その他：ゴムテープ… ［えりぐり用］0.8㎝幅×57 ／59 ／61 ／63㎝ (A)、49 ／51 ／53 ／55㎝(B)を各1本、［そで口用］1.5㎝幅×22 ／23 ／24 ／25㎝を2本、接着芯…55×35㎝

【でき上がり寸法】 単位：㎝

	110	120	130	140
胸囲	99	107	115	123
着丈	74	82	90	98

【裁ち合わせ図】

・○の中の数字はぬいしろ寸法。指定以外は1㎝
・数字は上から110 ／ 120 ／ 130 ／ 140㎝サイズ
・▭は裁断後、裏に接着芯をはる

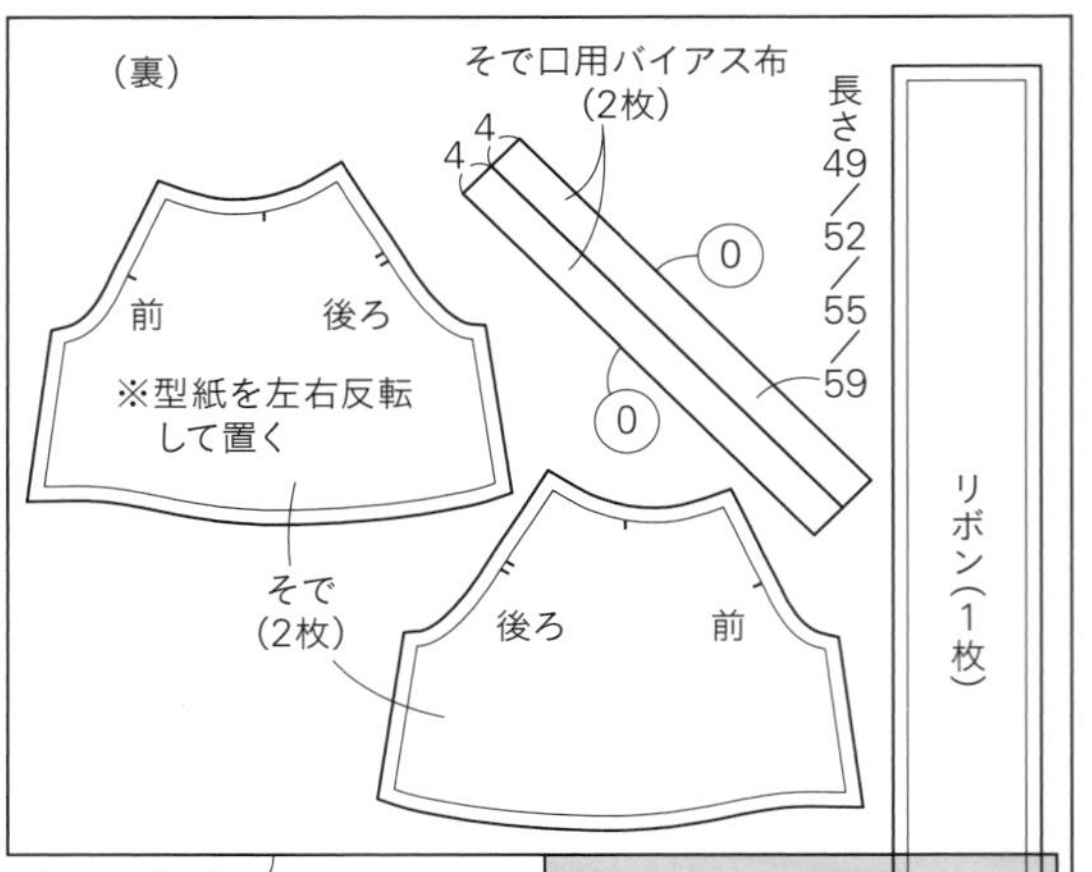

(裏)
そで口用バイアス布
(2枚)
4
4
0
0
長さ49／52／55／59
前
後ろ
※型紙を左右反転
して置く
そで
(2枚)
後ろ
前
リボン(1枚)

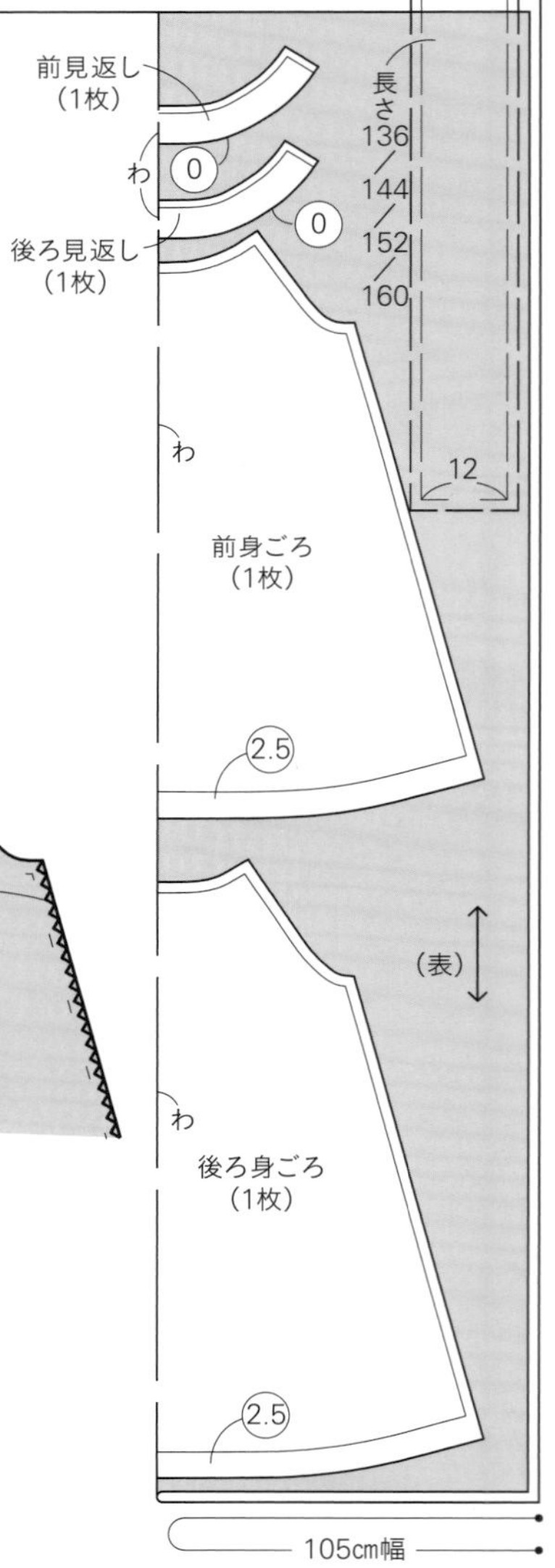

切って広げる
前見返し
(1枚)
わ
0
0
後ろ見返し
(1枚)
長さ136／144／152／160
わ
12
前身ごろ
(1枚)
2.5
(表)
わ
後ろ身ごろ
(1枚)
2.5
310／330／350／360㎝
105㎝幅

【作り方順序】

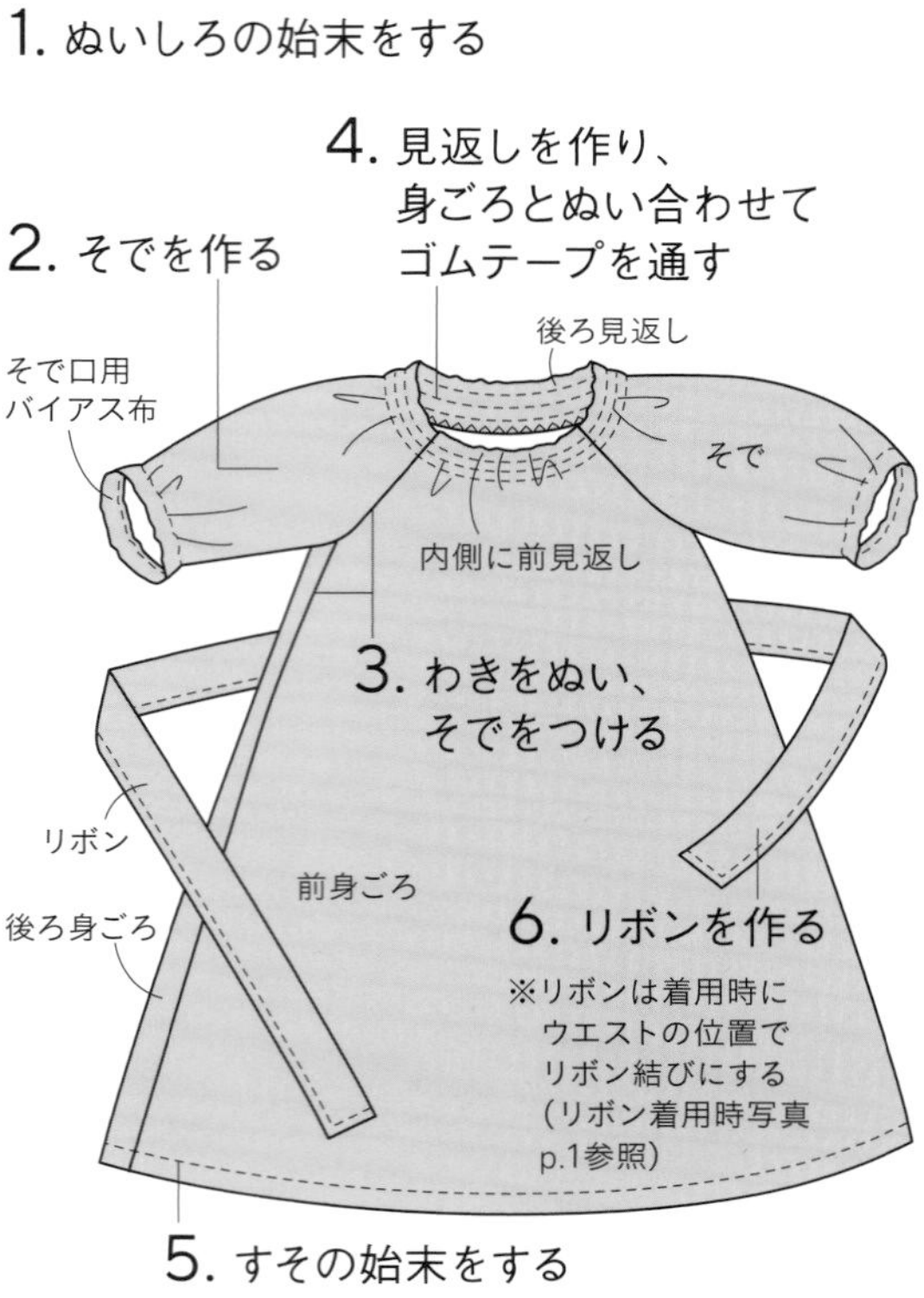

1. ぬいしろの始末をする
2. そでを作る
4. 見返しを作り、
身ごろとぬい合わせて
ゴムテープを通す
そで口用
バイアス布
後ろ見返し
そで
内側に前見返し
3. わきをぬい、
そでをつける
リボン
後ろ身ごろ
前身ごろ
6. リボンを作る
※リボンは着用時に
ウエストの位置で
リボン結びにする
(リボン着用時写真
p.1参照)
5. すその始末をする

【作り方】

1. ぬいしろの始末をする

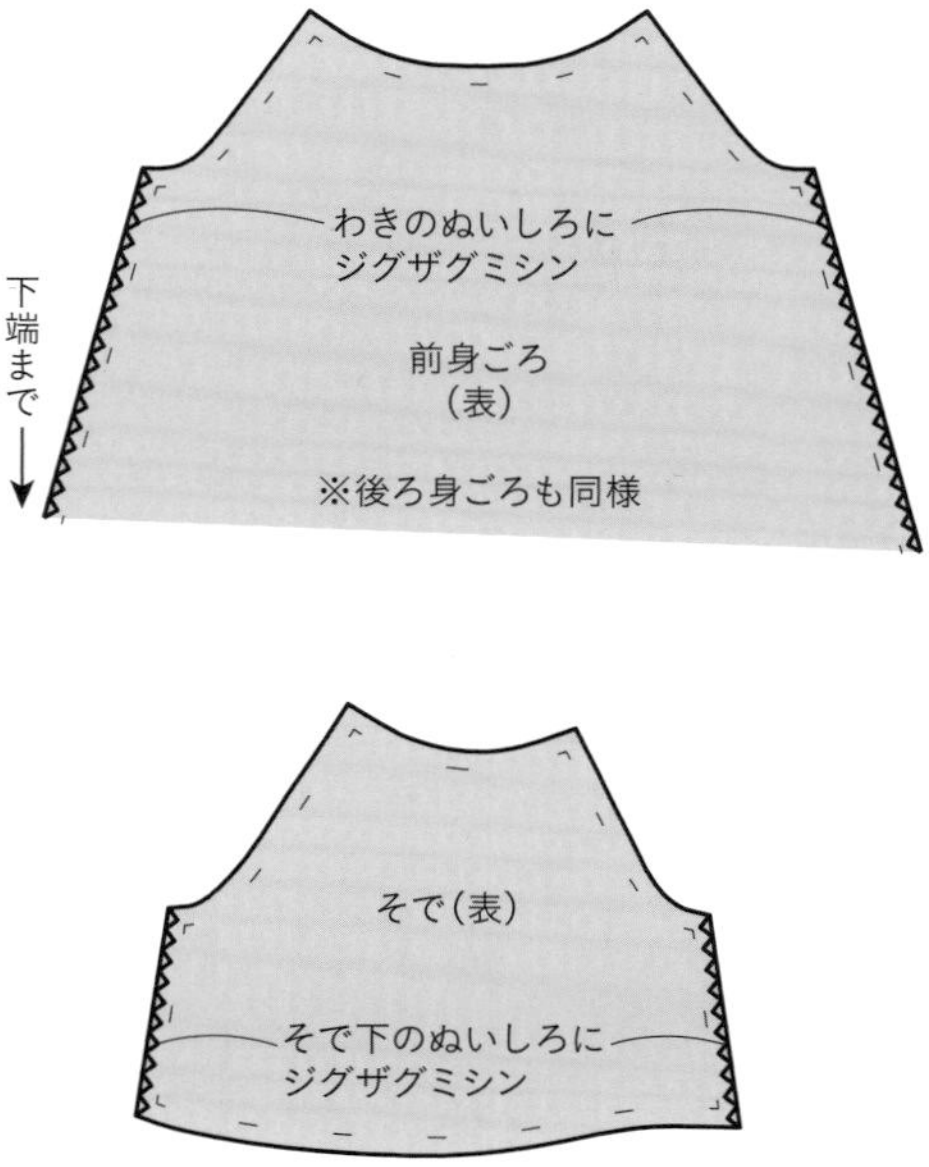

わきのぬいしろに
ジグザグミシン
下端まで
前身ごろ
(表)
※後ろ身ごろも同様
そで(表)
そで下のぬいしろに
ジグザグミシン

2. そでを作る

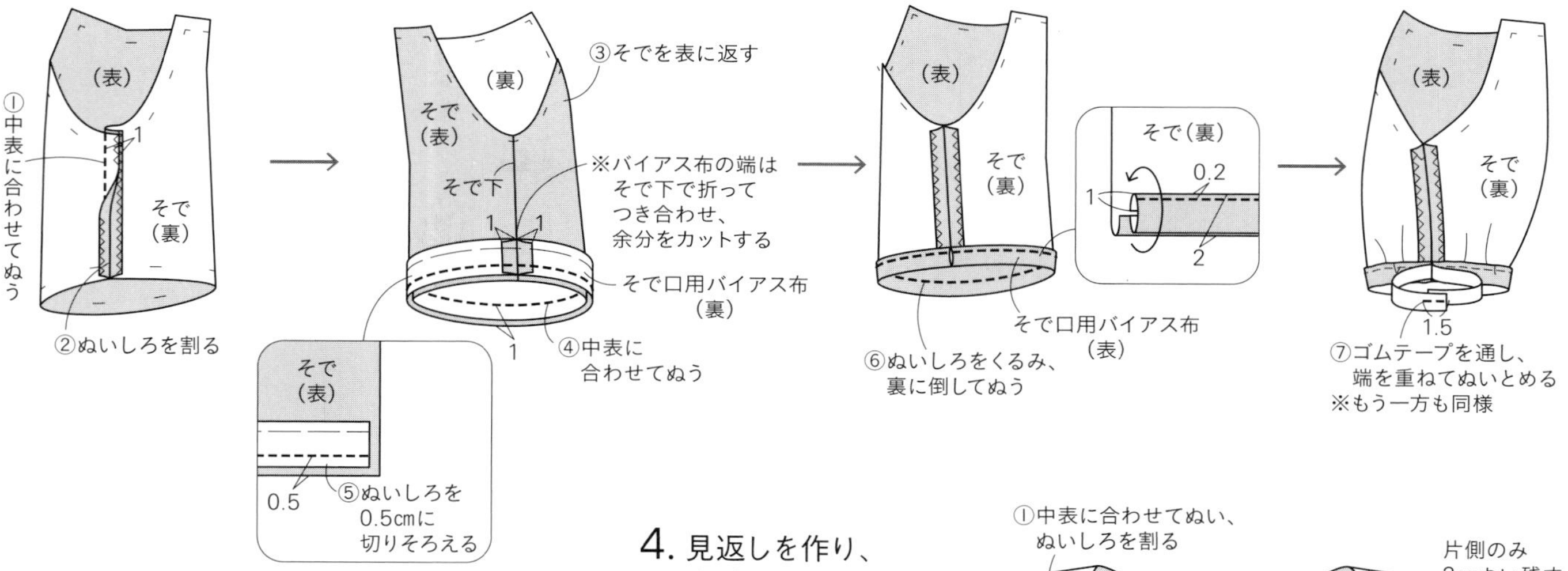
(表)
①中表に合わせてぬう
1
そで
(裏)
②ぬいしろを割る
(裏)
そで
(表)
③そでを表に返す
そで下
※バイアス布の端は
そで下で折って
つき合わせ、
余分をカットする
1
1
そで口用バイアス布
(裏)
1
④中表に
合わせてぬう
そで
(表)
0.5
⑤ぬいしろを
0.5cmに
切りそろえる
(表)
そで
(裏)
そで(裏)
0.2
1
2
そで口用バイアス布
(表)
⑥ぬいしろをくるみ、
裏に倒してぬう
(表)
そで
(裏)
1.5
⑦ゴムテープを通し、
端を重ねてぬいとめる
※もう一方も同様

3. わきをぬい、そでをつける

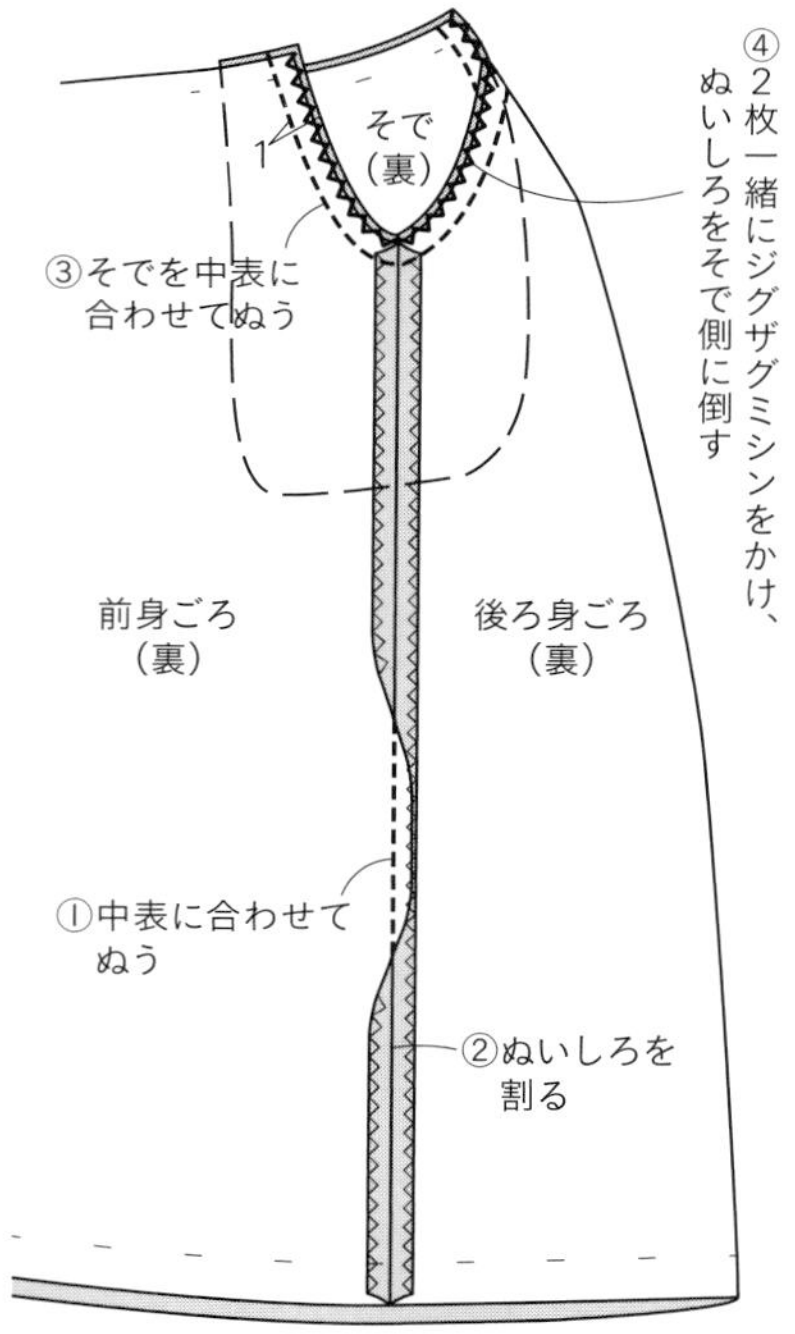
1
そで
(裏)
④2枚一緒にジグザグミシンをかけ、
ぬいしろをそで側に倒す
③そでを中表に
合わせてぬう
前身ごろ
(裏)
後ろ身ごろ
(裏)
①中表に合わせて
ぬう
②ぬいしろを
割る

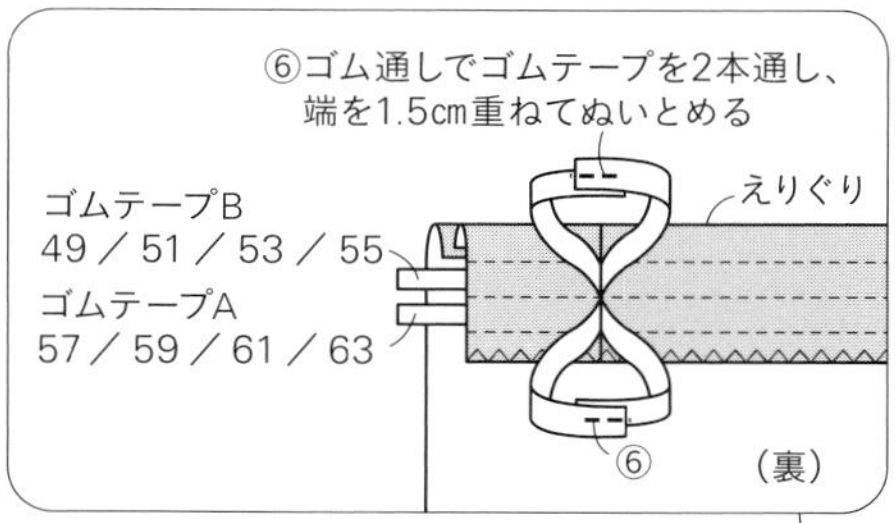

4. 見返しを作り、身ごろとぬい合わせてゴムテープを通す

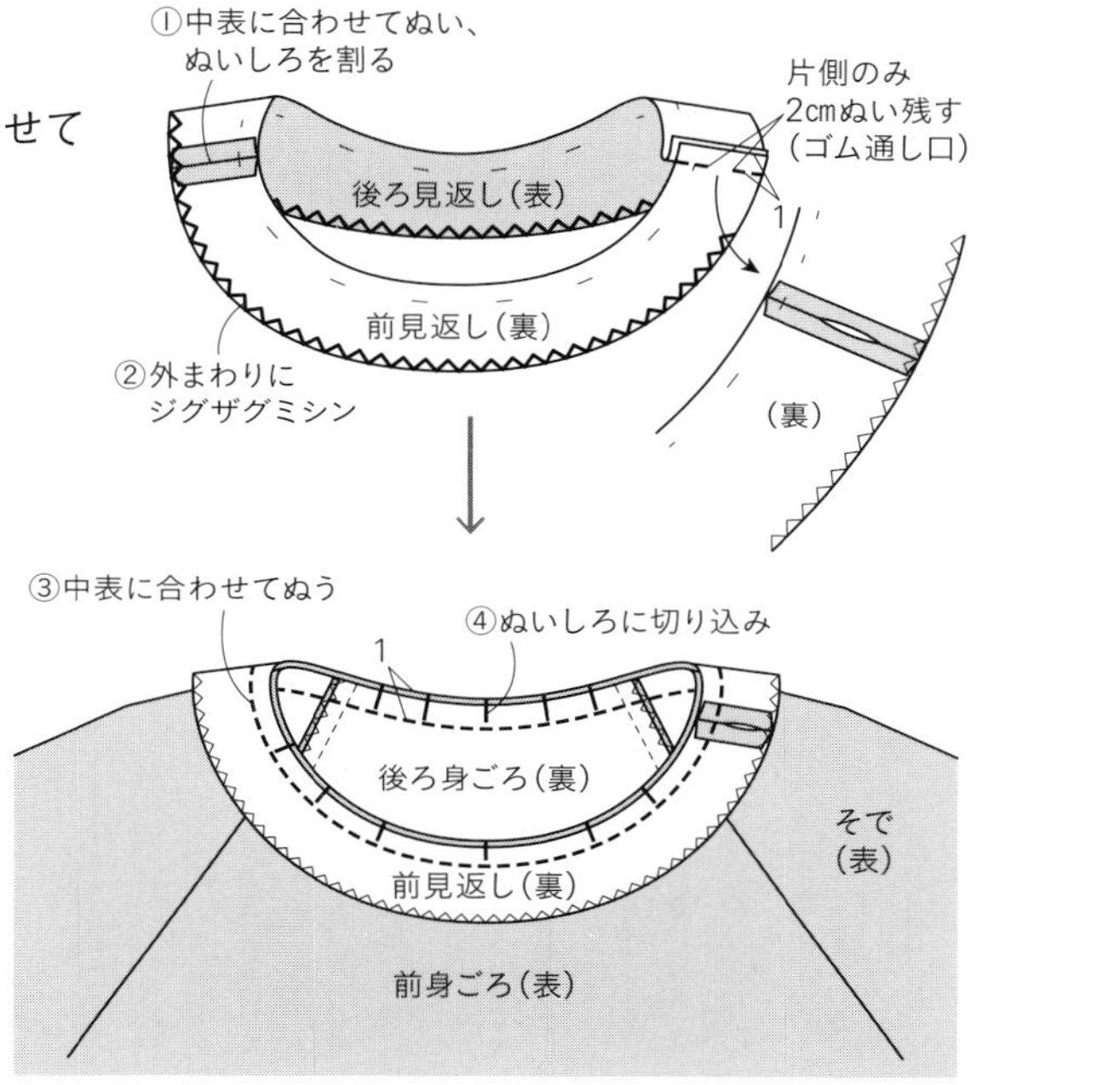
①中表に合わせてぬい、
ぬいしろを割る
片側のみ
2cmぬい残す
(ゴム通し口)
1
後ろ見返し(表)
前見返し(裏)
②外まわりに
ジグザグミシン
(裏)
③中表に合わせてぬう
④ぬいしろに切り込み
1
後ろ身ごろ(裏)
そで
(表)
前見返し(裏)
前身ごろ(表)
⑥ゴム通しでゴムテープを2本通し、
端を1.5cm重ねてぬいとめる
ゴムテープB
49 / 51 / 53 / 55
ゴムテープA
57 / 59 / 61 / 63
えりぐり
⑥
(裏)

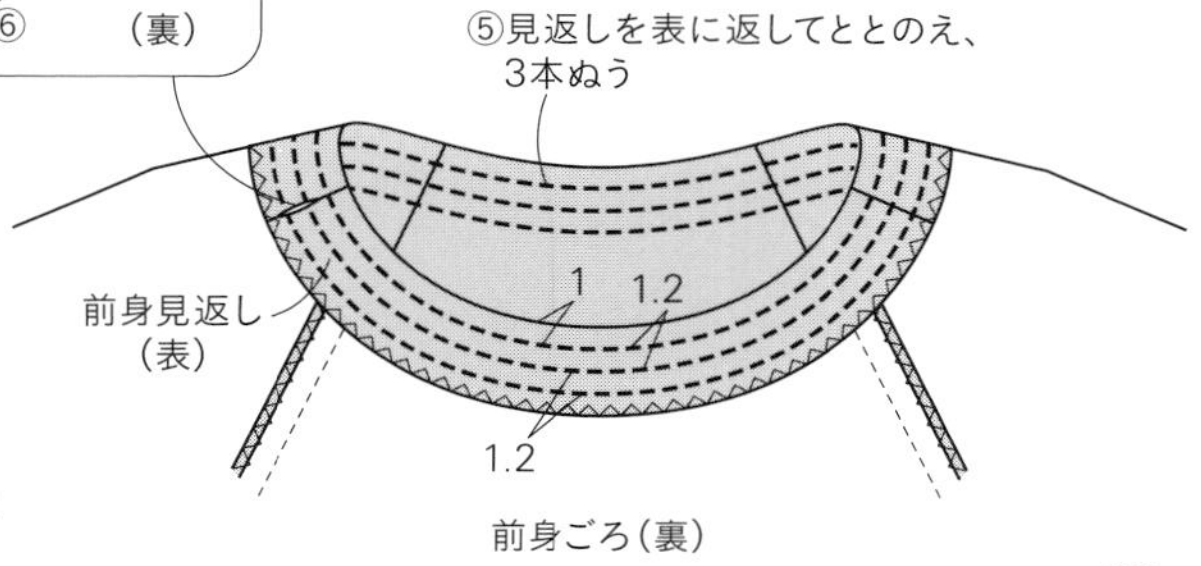
⑤見返しを表に返してととのえ、
3本ぬう
前身見返し
(表)
1
1.2
1.2
前身ごろ(裏)

5. すその始末をする

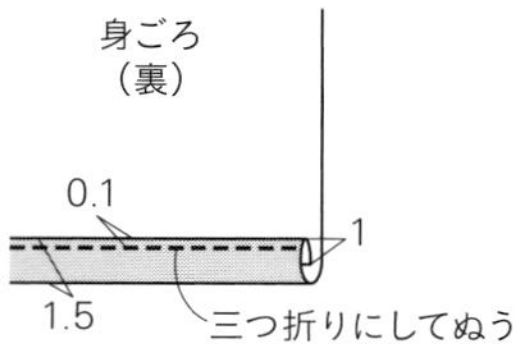
身ごろ
(裏)
0.1
1
1.5
三つ折りにしてぬう

6. リボンを作る

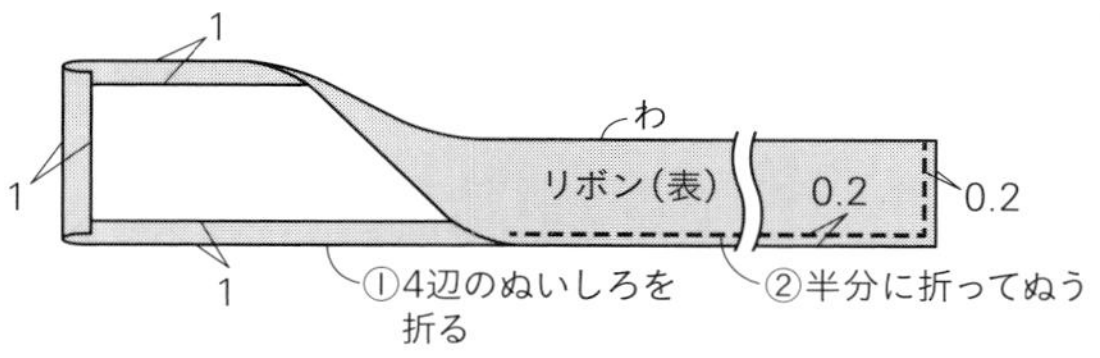
1
1
わ
リボン(表)
0.2
0.2
1
①4辺のぬいしろを
折る
②半分に折ってぬう

D-2

photo p.11

型紙…D面

【材料】数字は左から
110 ／120 ／130 ／140cmサイズ
布地：麻（天使のリネン シックグレープ）
100cm幅×240 ／260 ／270 ／290cm
その他：接着芯…60×25cm、ボタン…直径1.1cm×1個

【でき上がり寸法】 単位：cm

	110	120	130	140
胸囲	99	107	115	123
着丈	71.5	80	88.5	97

【作り方順序】

1. ぬいしろの始末をする

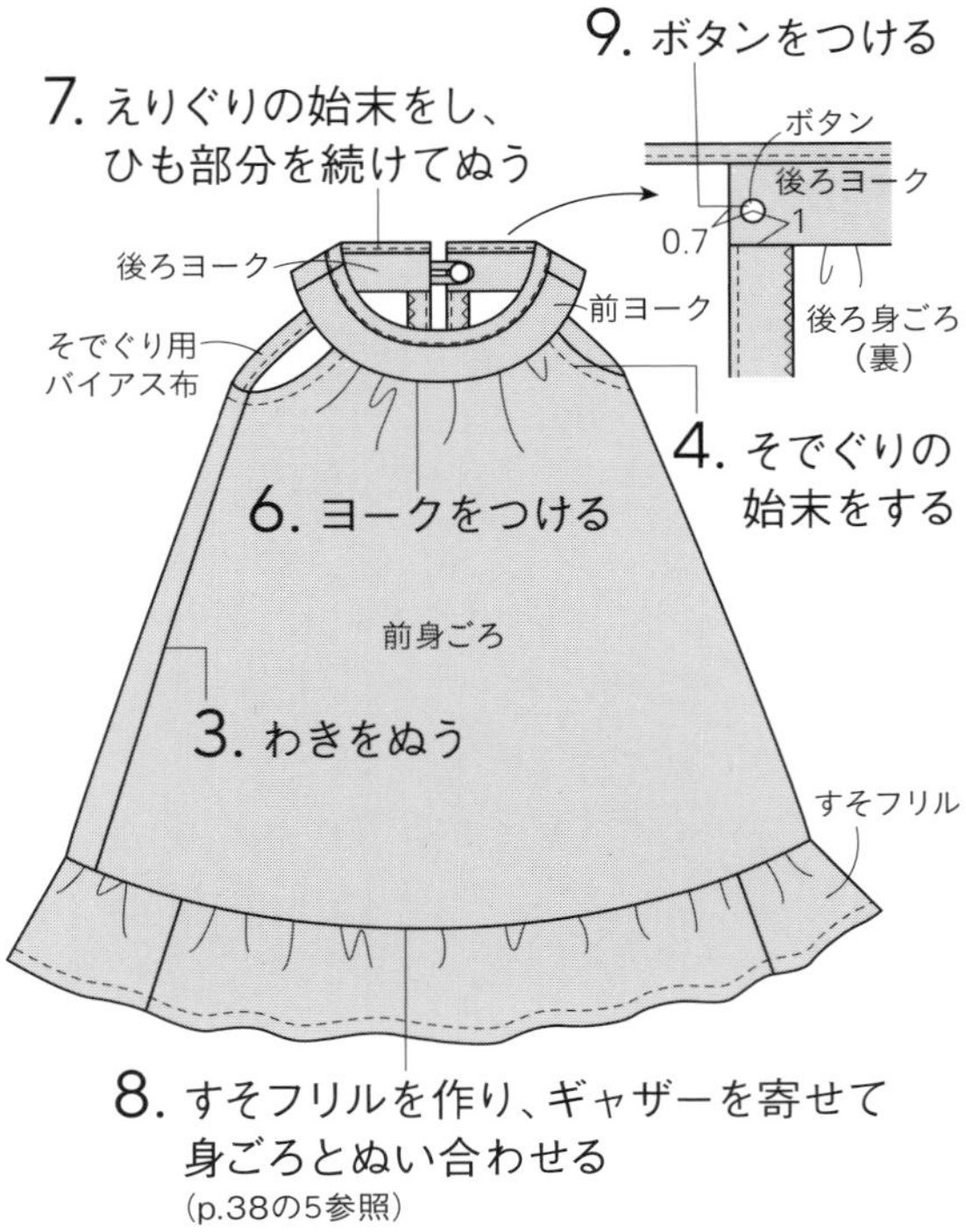

9. ボタンをつける
ボタン
後ろヨーク
0.7
1
後ろ身ごろ（裏）
7. えりぐりの始末をし、ひも部分を続けてぬう
後ろヨーク
前ヨーク
そでぐり用バイアス布
4. そでぐりの始末をする
6. ヨークをつける
前身ごろ
3. わきをぬう
すそフリル
8. すそフリルを作り、ギャザーを寄せて身ごろとぬい合わせる
(p.38の5参照)

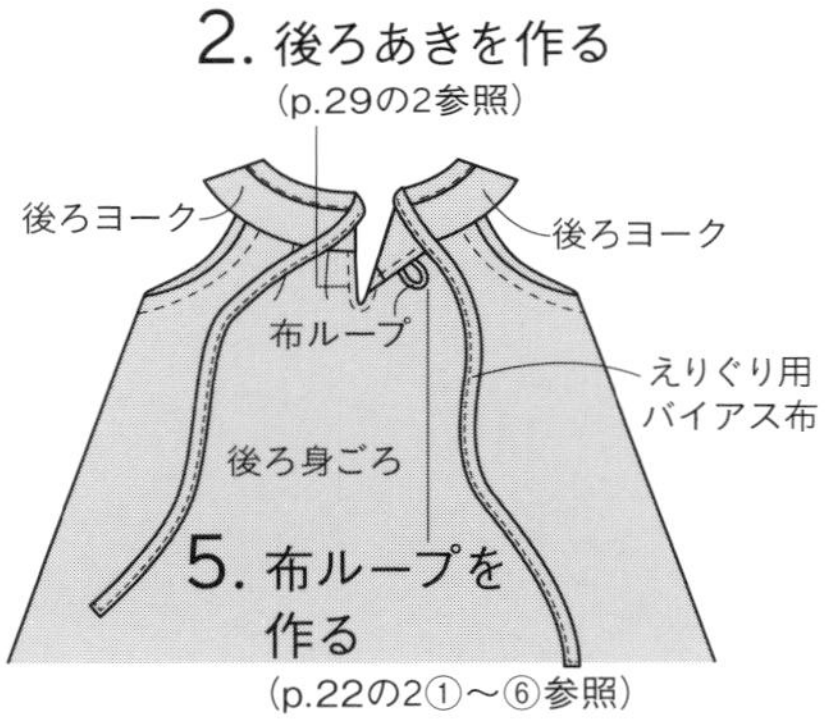

2. 後ろあきを作る
(p.29の2参照)
後ろヨーク
後ろヨーク
布ループ
えりぐり用バイアス布
後ろ身ごろ
5. 布ループを作る
(p.22の2①～⑥参照)

【裁ち合わせ図】

・○の中の数字はぬいしろ寸法。指定以外は1cm
・数字は上（左）から
110 ／120 ／130 ／140cmサイズ
・▒は裁断後、裏に接着芯をはる

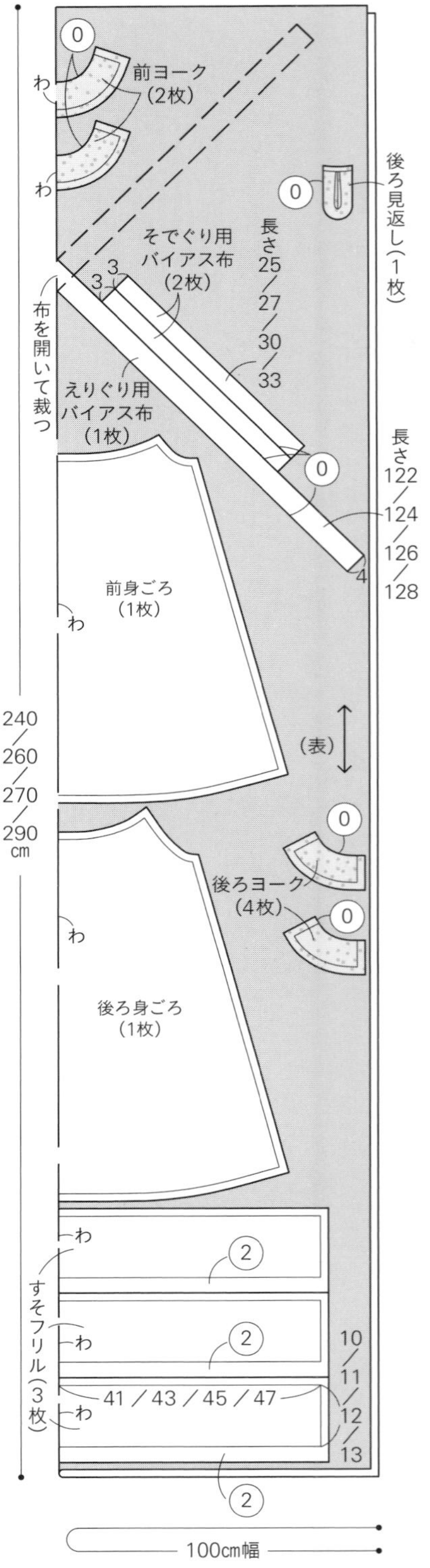

0
わ
前ヨーク
（2枚）
わ
0
後ろ見返し（1枚）
そでぐり用
バイアス布
（2枚）
長さ
25
／
27
／
30
／
33
3
3
布を開いて裁つ
えりぐり用
バイアス布
（1枚）
0
長さ
122
／
124
／
126
／
128
4
前身ごろ
（1枚）
わ
240
／
260
／
270
／
290
cm
（表）
0
後ろヨーク
（4枚）
0
わ
後ろ身ごろ
（1枚）
わ
2
すそフリル（3枚）
わ
2
10
／
11
／
12
／
13
41 ／43 ／45 ／47
わ
2
100cm幅

【作り方】

1. ぬいしろの始末をする

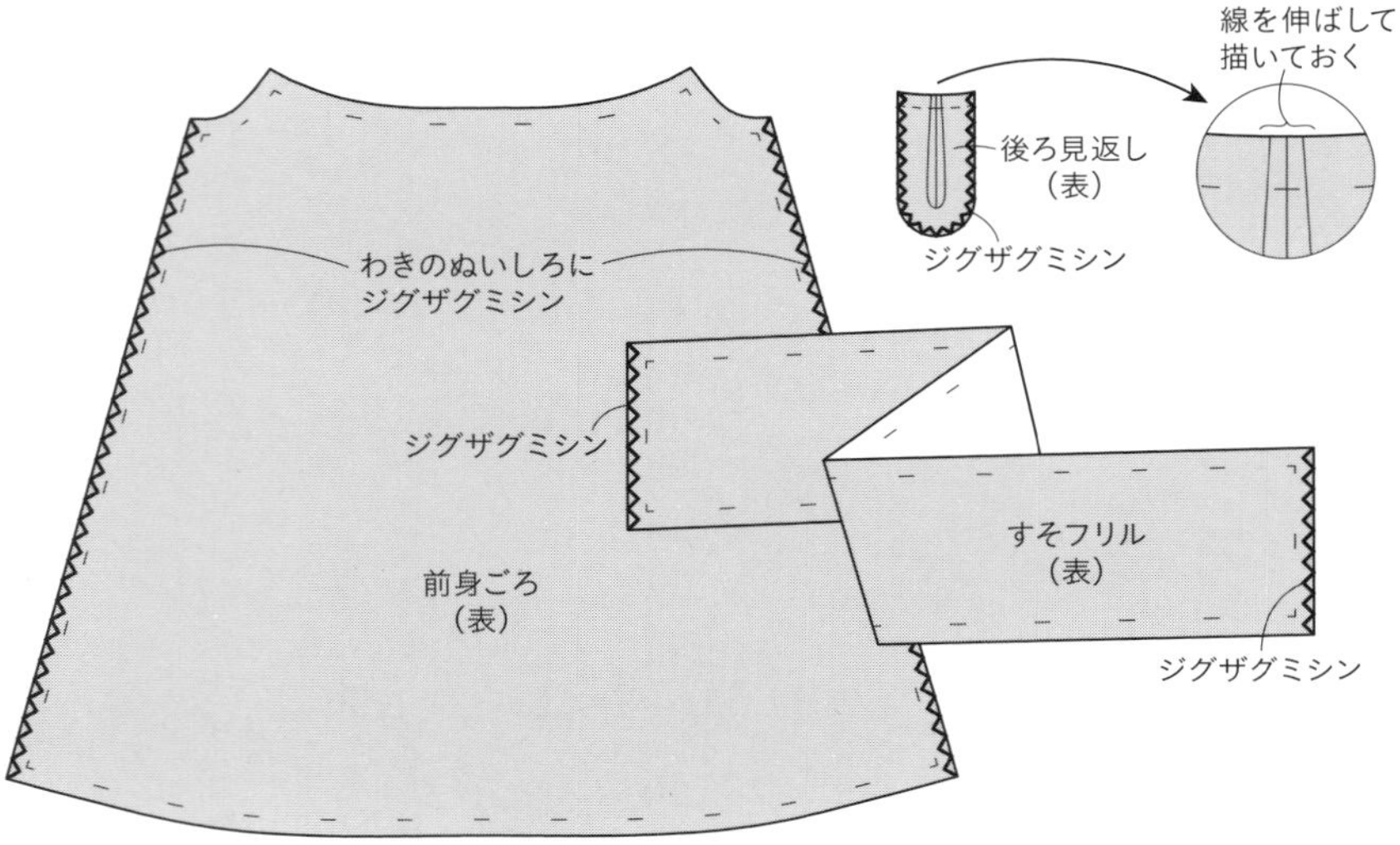

わきのぬいしろに
ジグザグミシン
ジグザグミシン
前身ごろ
（表）
すそフリル
（表）
ジグザグミシン
後ろ見返し
（表）
ジグザグミシン
布端まで
線を伸ばして
描いておく

※後ろ身ごろも同様

3. わきをぬう

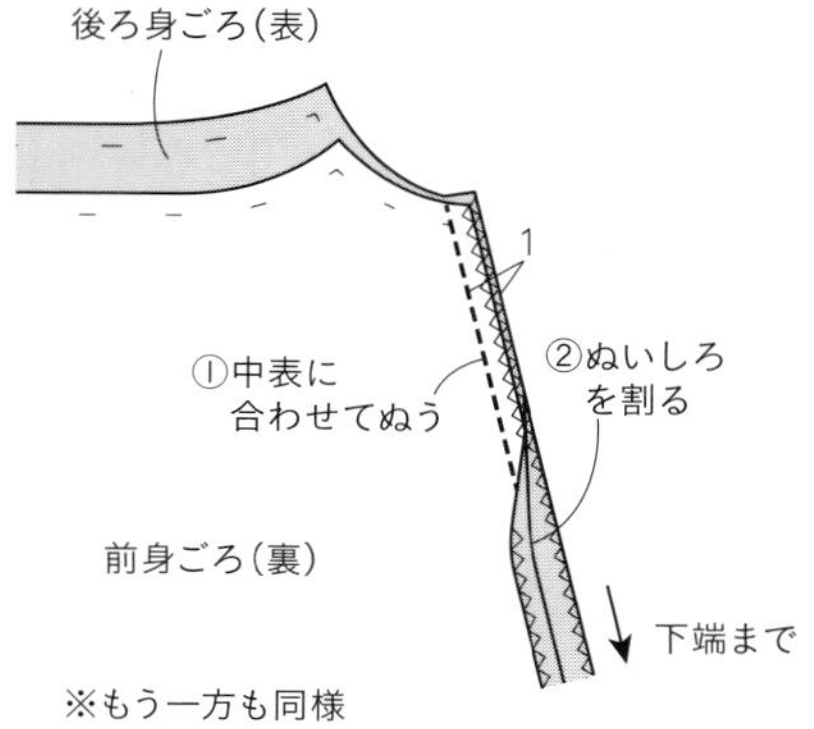
後ろ身ごろ(表)
1
①中表に
合わせてぬう
②ぬいしろ
を割る
前身ごろ(裏)
下端まで

※もう一方も同様

4. そでぐりの始末をする

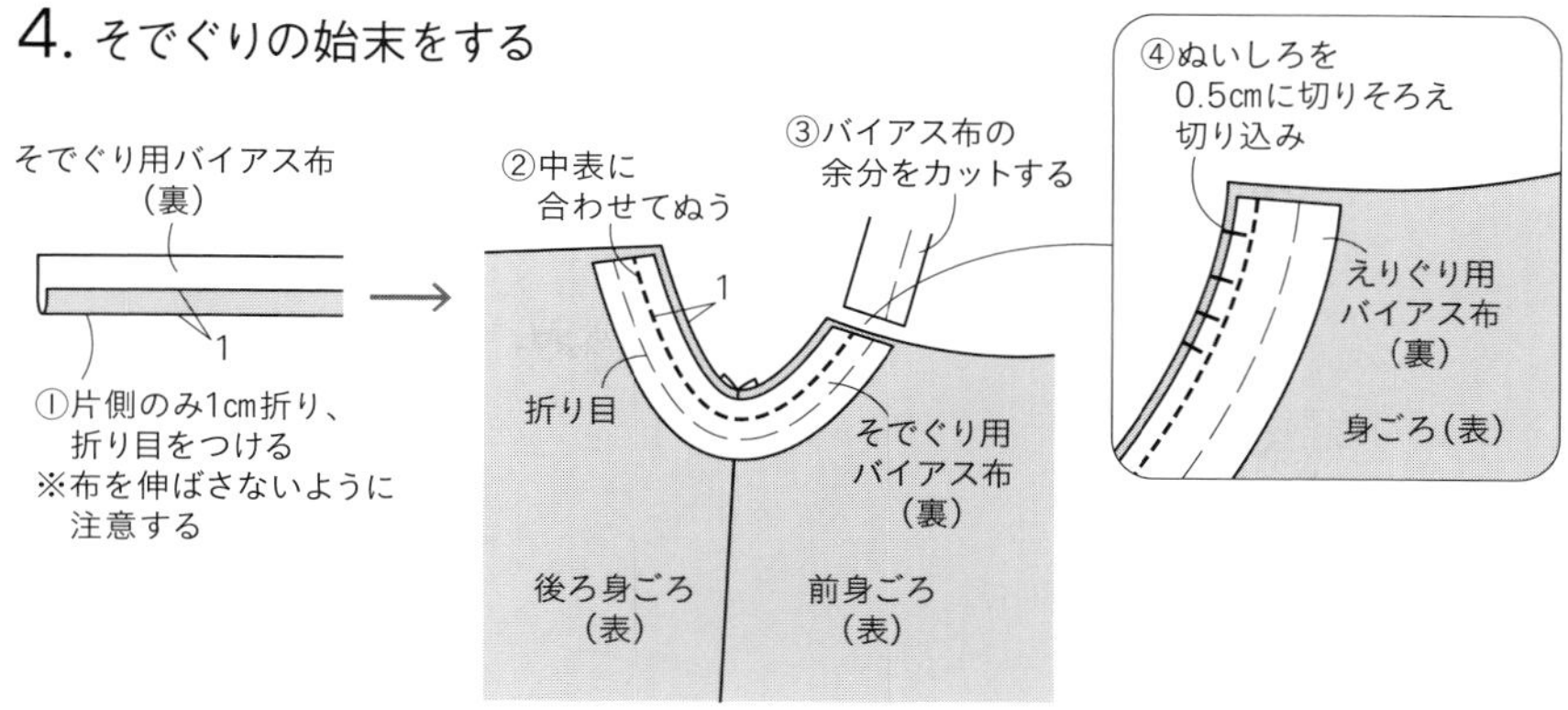
そでぐり用バイアス布
(裏)
1
①片側のみ1cm折り、
折り目をつける
※布を伸ばさないように
注意する
②中表に
合わせてぬう
1
折り目
③バイアス布の
余分をカットする
そでぐり用
バイアス布
(裏)
後ろ身ごろ
(表)
前身ごろ
(表)
④ぬいしろを
0.5cmに切りそろえ
切り込み
えりぐり用
バイアス布
(裏)
身ごろ(表)

6. ヨークをつける

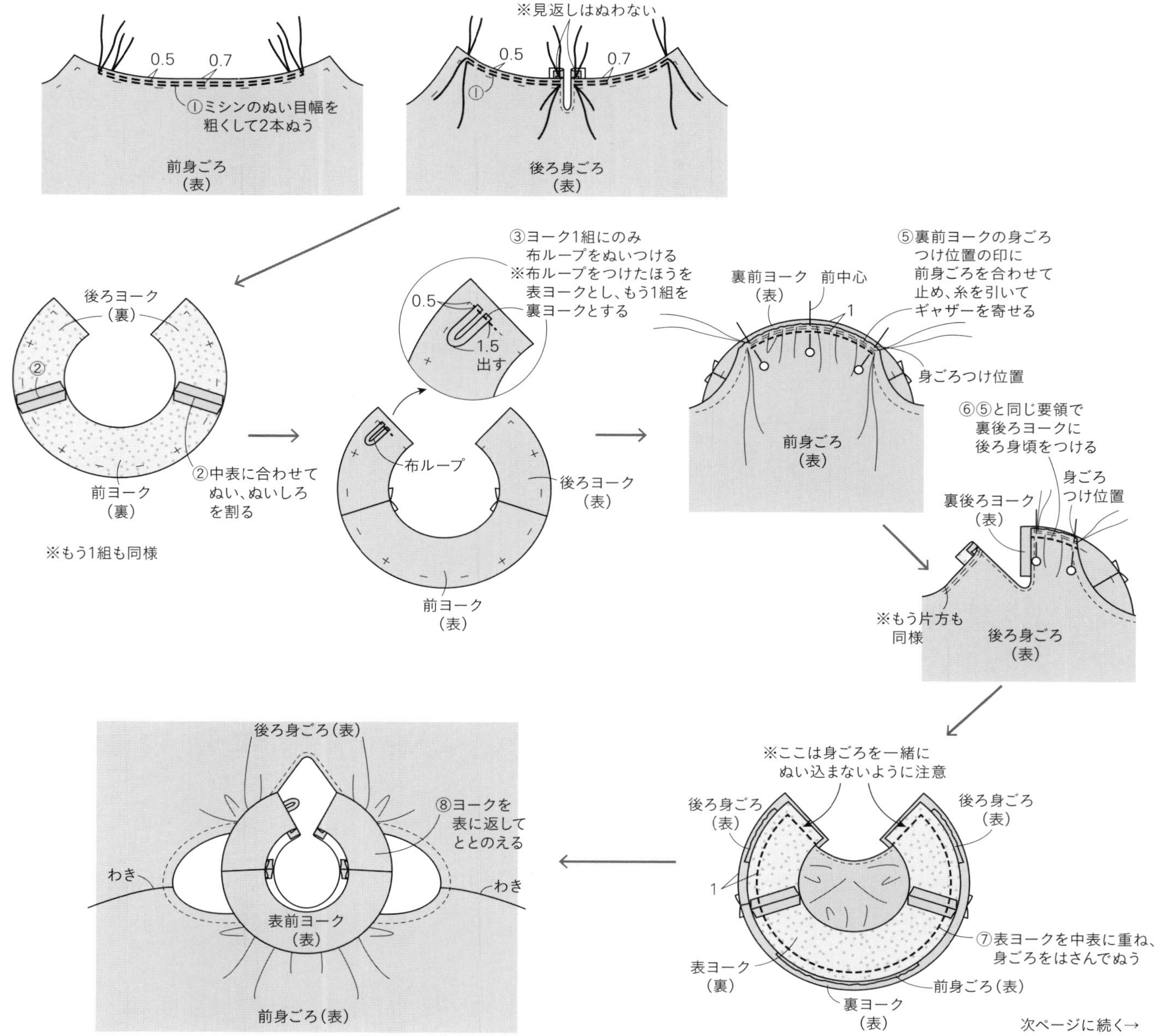
0.5
0.7
①ミシンのぬい目幅を
粗くして2本ぬう
前身ごろ
(表)
※見返しはぬわない
0.5
0.7
①
後ろ身ごろ
(表)
後ろヨーク
(裏)
②
前ヨーク
(裏)
②中表に合わせて
ぬい、ぬいしろ
を割る
※もう1組も同様
③ヨーク1組にのみ
布ループをぬいつける
※布ループをつけたほうを
表ヨークとし、もう1組を
裏ヨークとする
0.5
1.5
出す
布ループ
後ろヨーク
(表)
前ヨーク
(表)
裏前ヨーク
(表)
前中心
1
⑤裏前ヨークの身ごろ
つけ位置の印に
前身ごろを合わせて
止め、糸を引いて
ギャザーを寄せる
身ごろつけ位置
前身ごろ
(表)
⑥⑤と同じ要領で
裏後ろヨークに
後ろ身頃をつける
身ごろ
つけ位置
裏後ろヨーク
(表)
※もう片方も
同様
後ろ身ごろ
(表)
※ここは身ごろを一緒に
ぬい込まないように注意
後ろ身ごろ
(表)
後ろ身ごろ
(表)
1
⑦表ヨークを中表に重ね、
身ごろをはさんでぬう
表ヨーク
(裏)
前身ごろ(表)
裏ヨーク
(表)
後ろ身ごろ(表)
⑧ヨークを
表に返して
ととのえる
わき
わき
表前ヨーク
(表)
前身ごろ(表)

次ページに続く→

7. えりぐりの始末をし、ひも部分を続けてぬう

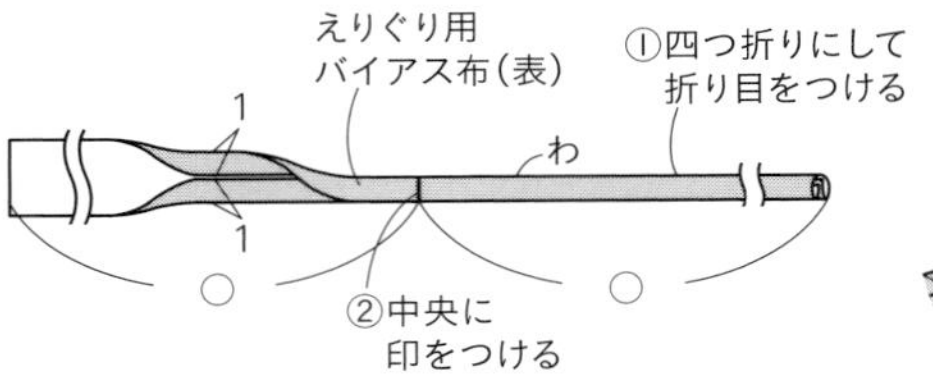
えりぐり用
バイアス布（表）
①四つ折りにして
折り目をつける
1
1
わ
②中央に
印をつける

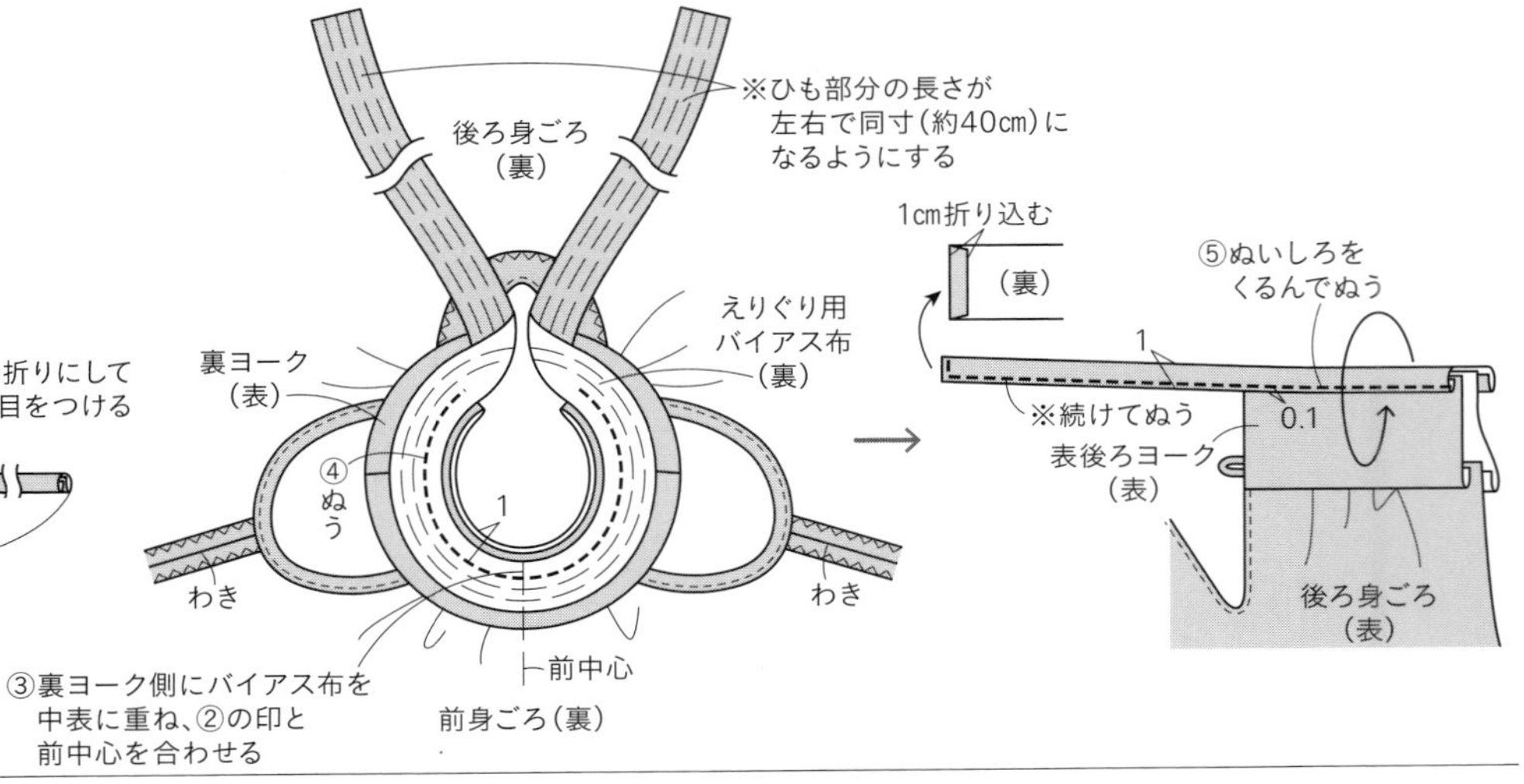
後ろ身ごろ
（裏）
※ひも部分の長さが
左右で同寸（約40cm）に
なるようにする
裏ヨーク
（表）
えりぐり用
バイアス布
（裏）
④
ぬ
う
1
わき
わき
③裏ヨーク側にバイアス布を
中表に重ね、②の印と
前中心を合わせせる
前中心
前身ごろ（裏）
1cm折り込む
（裏）
⑤ぬいしろを
くるんでぬう
1
※続けてぬう
0.1
表後ろヨーク
（表）
後ろ身ごろ
（表）

E-1

photo p.12

型紙…D面

【 材料 】数字は左から
110 ／ 120 ／ 130 ／ 140cmサイズ
布地：麻（リネン プリマベーラ マリーゴールド）
110cm幅×210 ／ 220 ／ 240 ／ 260cm

【 でき上がり寸法 】 単位：cm

	110	120	130	140
胸囲	99	107	115	123
着丈	66	73	80	87

※この作品の着丈は右図参照

【 作り方順序 】

1. ぬいしろの始末をする

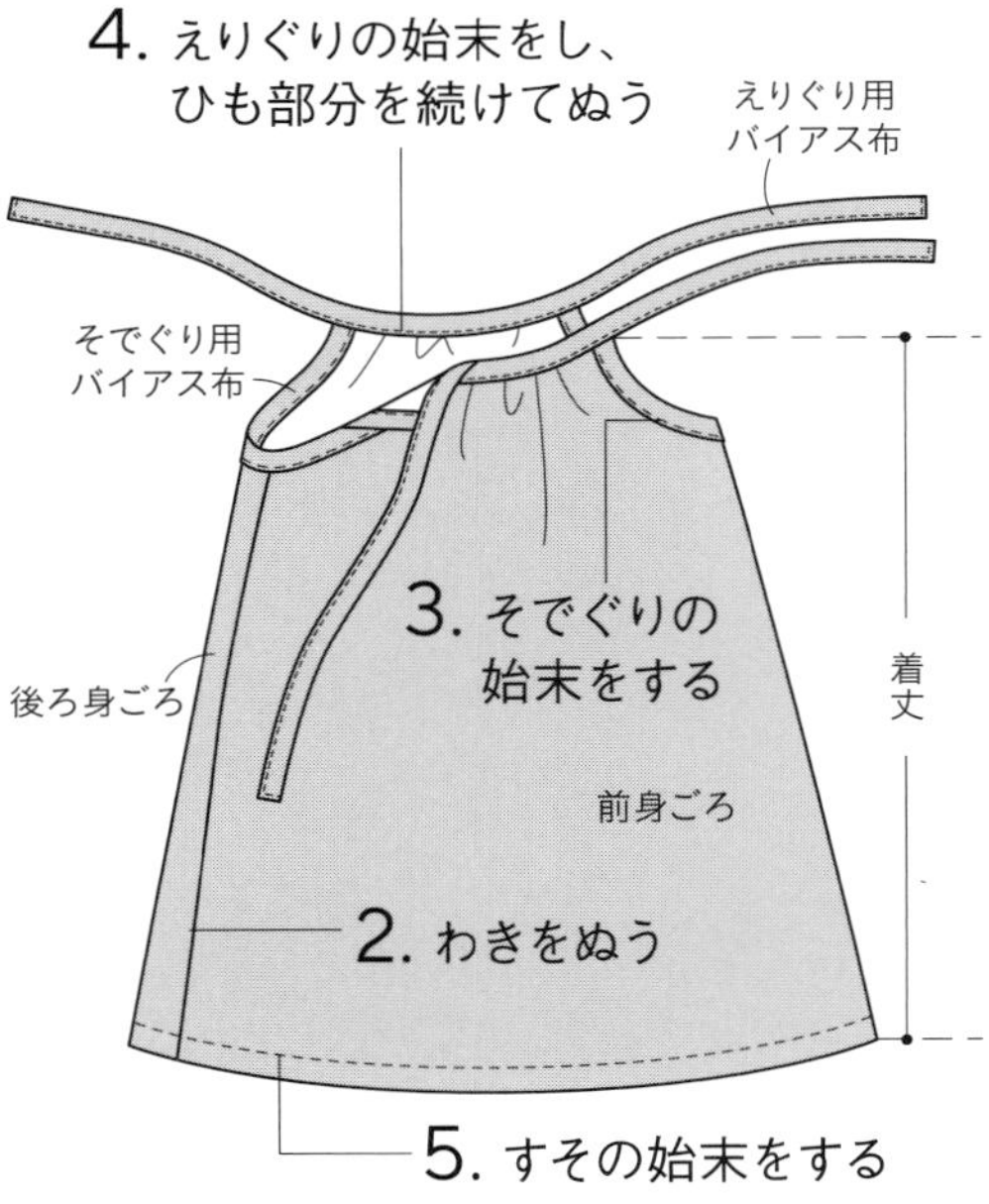
4. えりぐりの始末をし、
ひも部分を続けてぬう
えりぐり用
バイアス布
そでぐり用
バイアス布
3. そでぐりの
始末をする
後ろ身ごろ
前身ごろ
着
丈
2. わきをぬう
5. すその始末をする

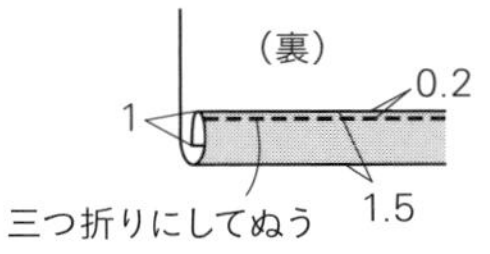
（裏）
0.2
1
1.5
三つ折りにしてぬう

【 裁ち合わせ図 】

・○の中の数字はぬいしろ寸法。指定以外は1cm
・数字は上から
110 ／ 120 ／ 130 ／ 140cmサイズ

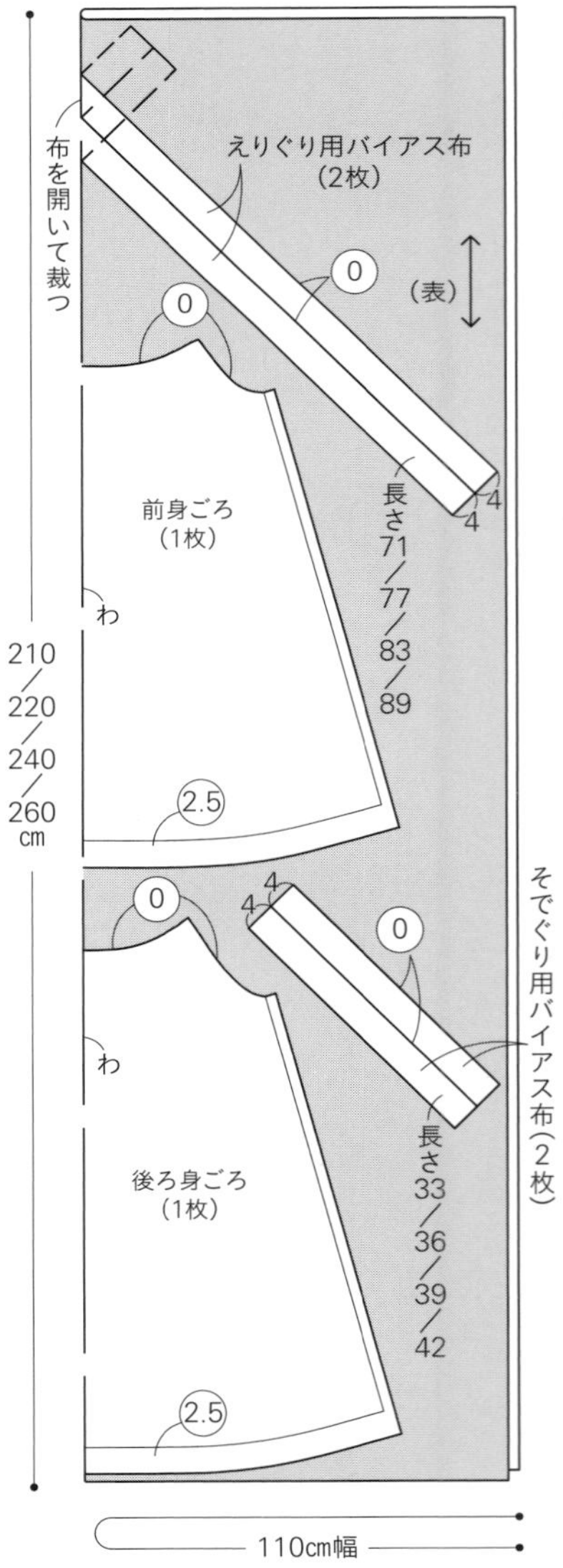
布を開いて裁つ
えりぐり用バイアス布
（2枚）
0
0
（表）
前身ごろ
（1枚）
長さ
71
／
77
／
83
／
89
4
4
わ
210
／
220
／
240
／
260
cm
2.5
0
4
4
0
そでぐり用バイアス布（2枚）
わ
長さ
33
／
36
／
39
／
42
後ろ身ごろ
（1枚）
2.5
110cm幅

【 作り方 】

1. ぬいしろの始末をする

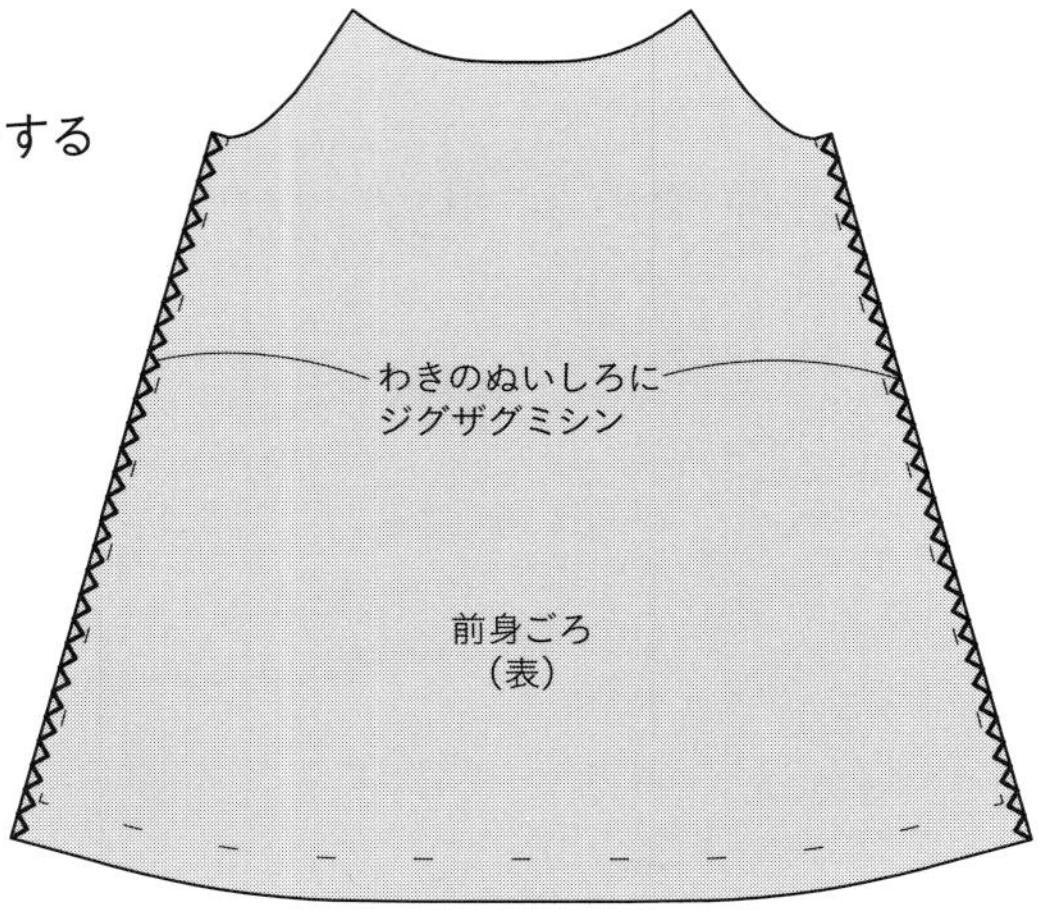
わきのぬいしろに
ジグザグミシン
前身ごろ
（表）

※後ろ身ごろも同様

2. わきをぬう

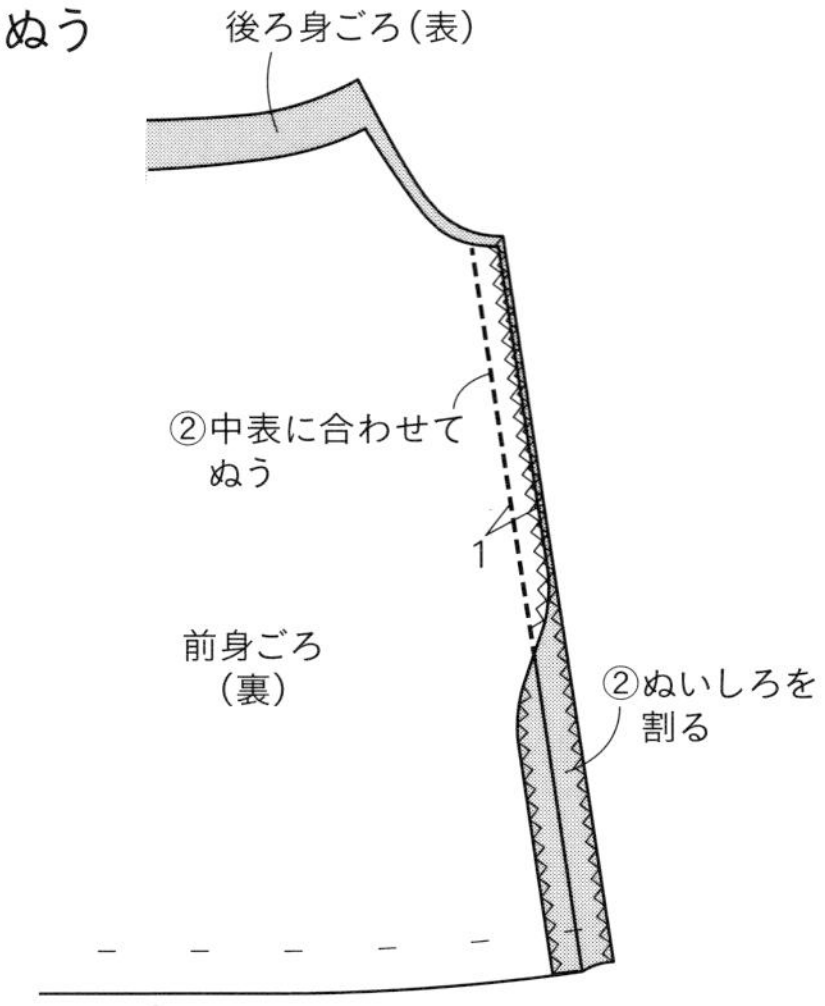
後ろ身ごろ（表）
②中表に合わせて
ぬう
1
前身ごろ
（裏）
②ぬいしろを
割る

※もう一方も同様

3. そでぐりの始末をする

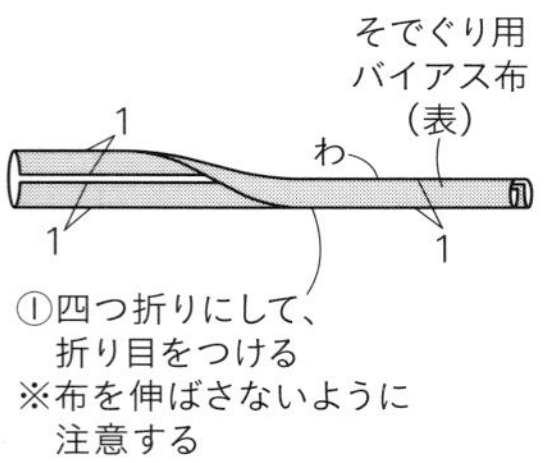
そでぐり用
バイアス布
（表）
1
わ
1
1
①四つ折りにして、
折り目をつける
※布を伸ばさないように
注意する

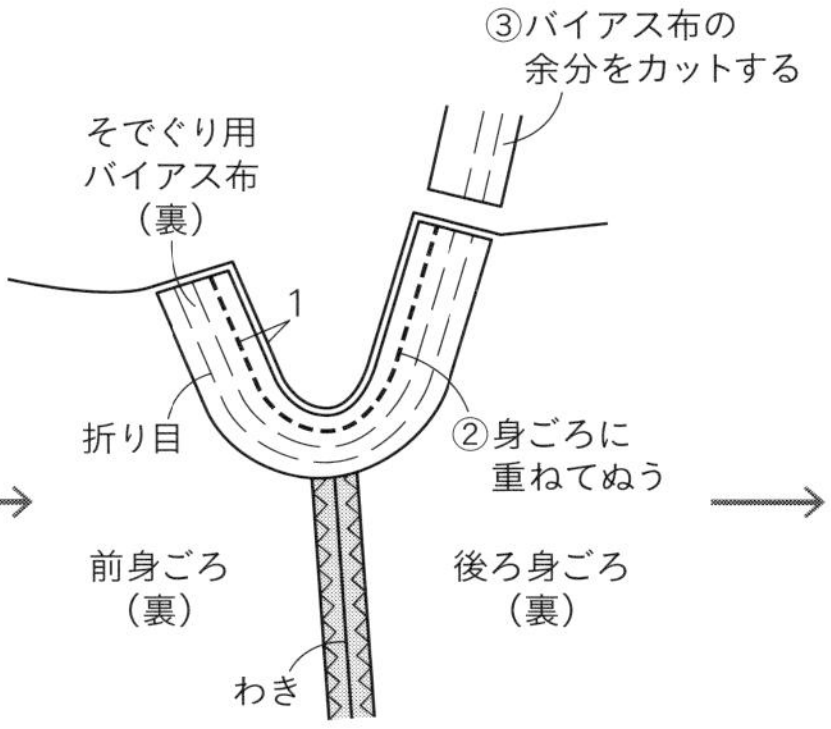
③バイアス布の
余分をカットする
そでぐり用
バイアス布
（裏）
1
折り目
②身ごろに
重ねてぬう
前身ごろ
（裏）
後ろ身ごろ
（裏）
わき

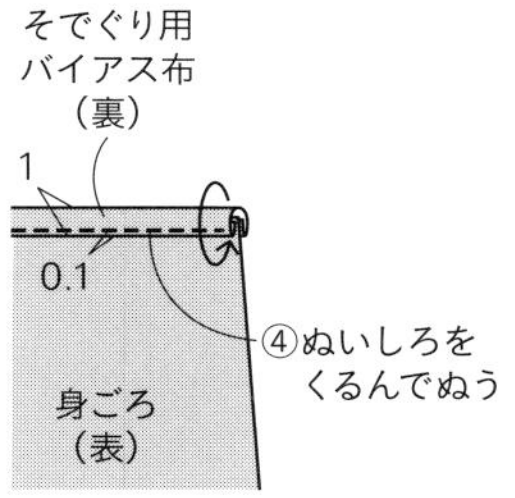
そでぐり用
バイアス布
（裏）
1
0.1
④ぬいしろを
くるんでぬう
身ごろ
（表）

※もう一方も同様

4. えりぐりの始末をし、ひも部分を続けてぬう

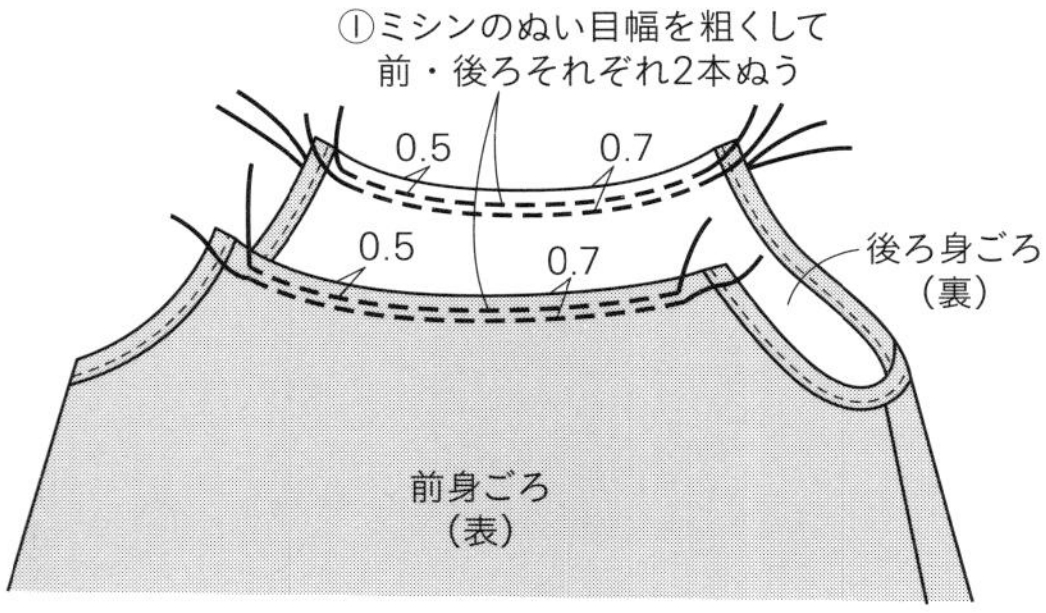
①ミシンのぬい目幅を粗くして
前・後ろそれぞれ2本ぬう
0.5
0.7
0.5
0.7
後ろ身ごろ
（裏）
前身ごろ
（表）

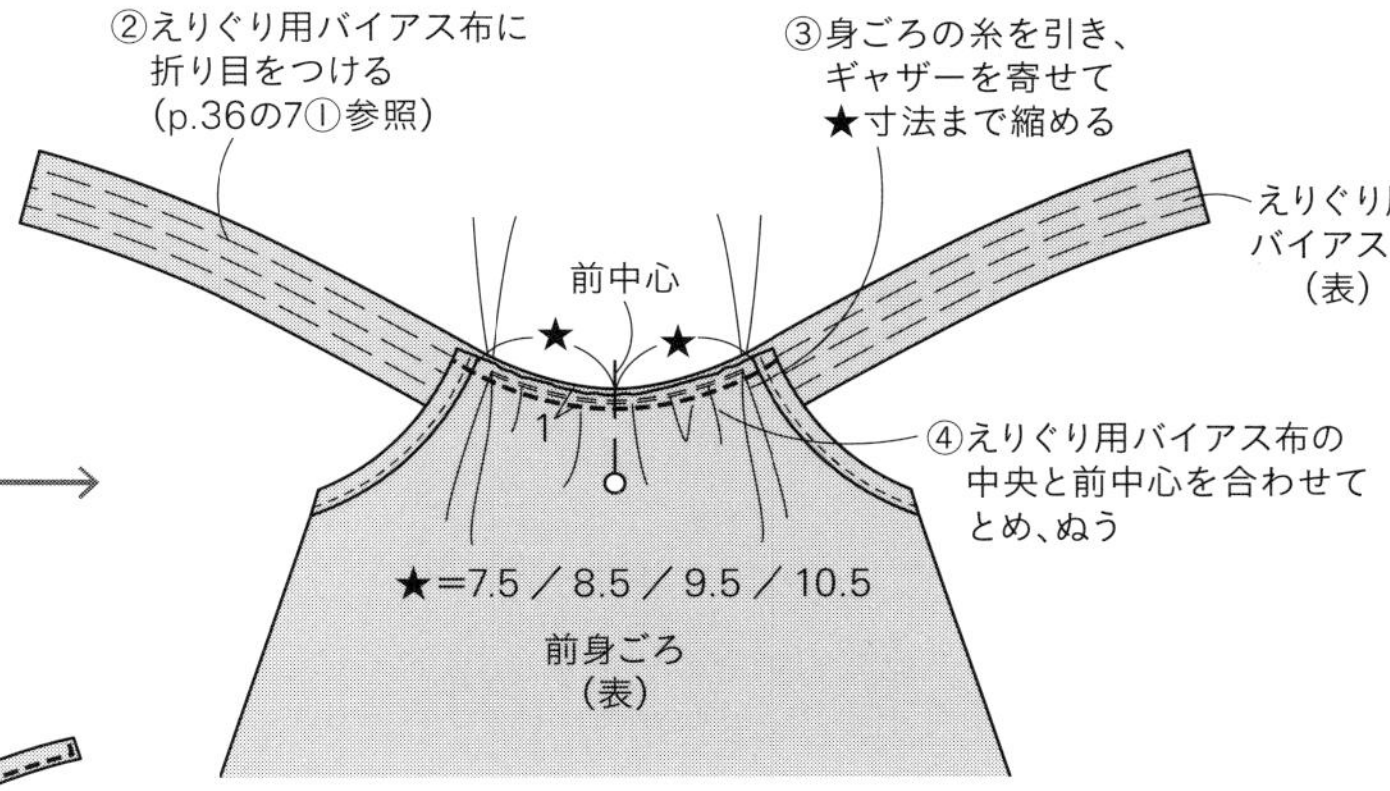
②えりぐり用バイアス布に
折り目をつける
（p.36の7①参照）
③身ごろの糸を引き、
ギャザーを寄せて
★寸法まで縮める
えりぐり用
バイアス布
（表）
前中心
★
★
1
④えりぐり用バイアス布の
中央と前中心を合わせて
とめ、ぬう
★＝7.5 ／ 8.5 ／ 9.5 ／ 10.5
前身ごろ
（表）

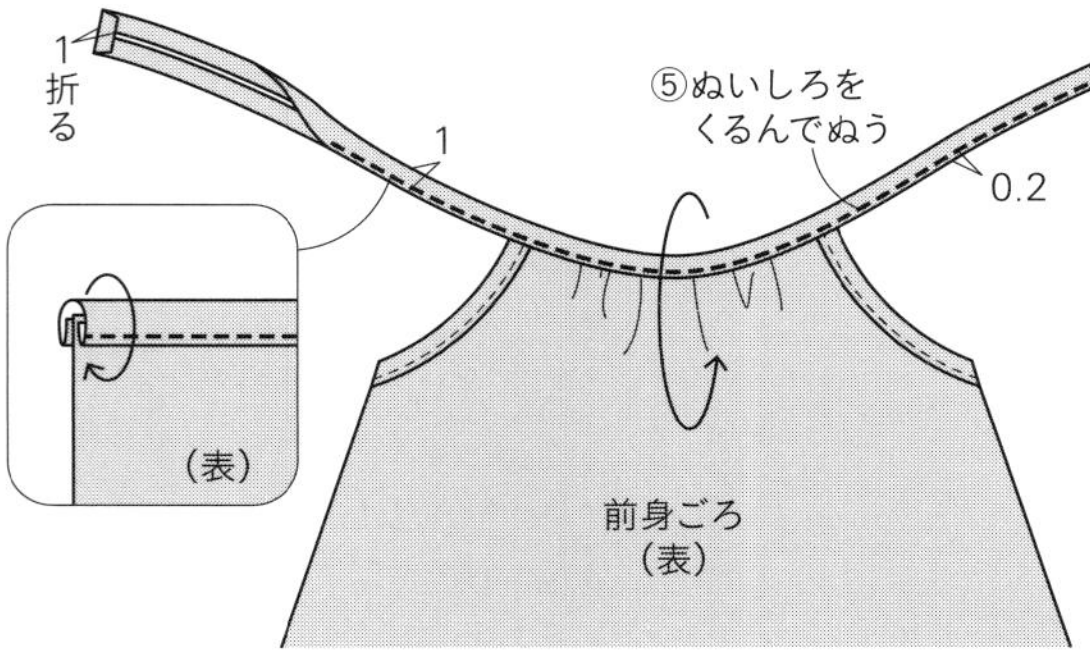
1
折る
1
⑤ぬいしろを
くるんでぬう
0.2
（表）
前身ごろ
（表）

※後ろ身ごろも同様
後ろ身ごろの★＝6 ／ 7 ／ 8 ／ 9

E-2

photo p.13

型紙…D面

【材料】数字は左から
110／120／130／140㎝サイズ
布地：綿（リバティ Meadow Tails J20A カラフル系）
108㎝幅×230／250／270／290㎝

【でき上がり寸法】　単位：㎝

	110	120	130	140
胸囲	99	107	115	123
着丈	64	72	80	88

※この作品の着丈は右図参照

【作り方順序】

1. ぬいしろの始末をする
（p.34の1参照。ただし後ろ見返しはなし）

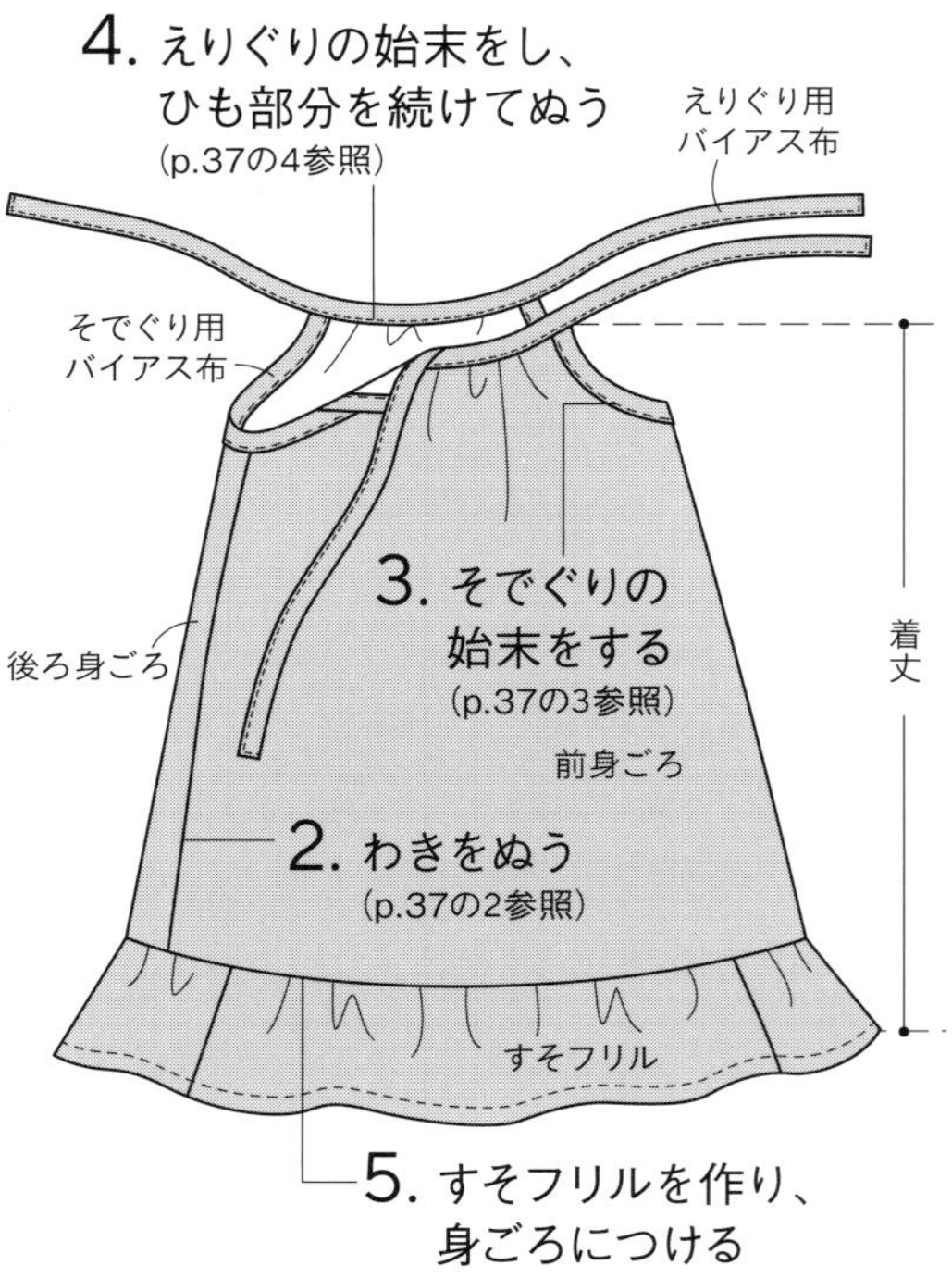

4. えりぐりの始末をし、
ひも部分を続けてぬう
(p.37の4参照)
えりぐり用
バイアス布
そでぐり用
バイアス布
3. そでぐりの
始末をする
(p.37の3参照)
後ろ身ごろ
前身ごろ
着丈
2. わきをぬう
(p.37の2参照)
すそフリル
5. すそフリルを作り、
身ごろにつける

【裁ち合わせ図】

・○の中の数字はぬいしろ寸法。指定以外は1㎝
・数字は上（左）から
110／120／130／140㎝サイズ

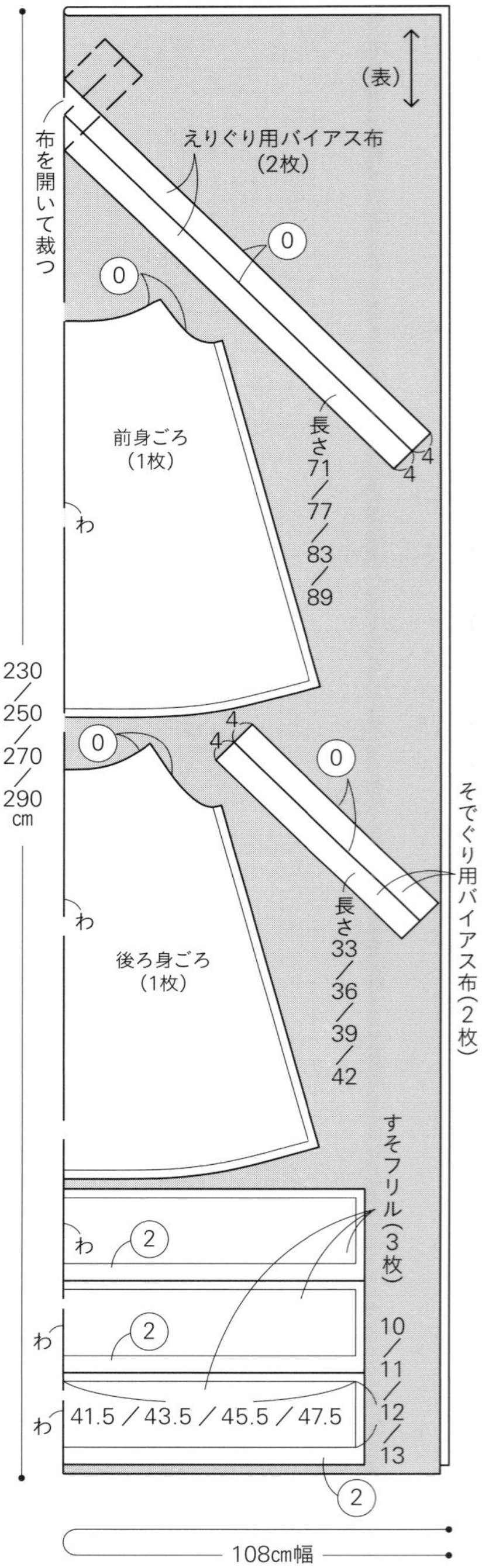

(表)
布を開いて裁つ
えりぐり用バイアス布
(2枚)
0
0
前身ごろ
(1枚)
わ
長さ71／77／83／89
4
4
230／250／270／290㎝
0
0
4
4
後ろ身ごろ
(1枚)
わ
長さ33／36／39／42
そでぐり用バイアス布(2枚)
すそフリル(3枚)
わ
2
わ
2
わ
41.5／43.5／45.5／47.5
10／11／12／13
2
108㎝幅

【作り方】

5. すそフリルを作り、身ごろにつける

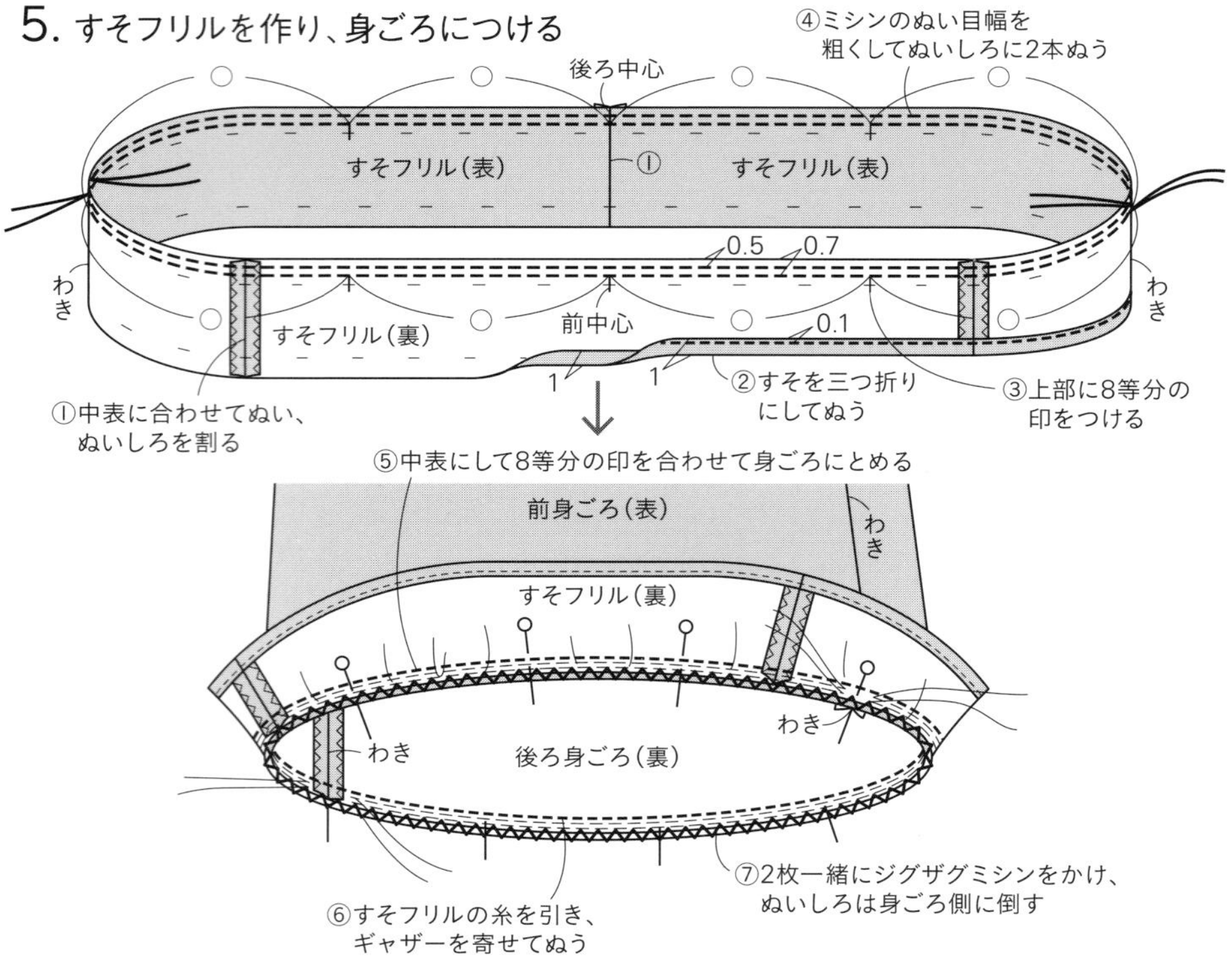

④ミシンのぬい目幅を
粗くしてぬいしろに2本ぬう
後ろ中心
すそフリル(表)
①
すそフリル(表)
0.5
0.7
わき
わき
すそフリル(裏)
前中心
0.1
1
1
①中表に合わせてぬい、
ぬいしろを割る
②すそを三つ折り
にしてぬう
③上部に8等分の
印をつける
⑤中表にして8等分の印を合わせて身ごろにとめる
前身ごろ(表)
わき
すそフリル(裏)
わき
わき
後ろ身ごろ(裏)
⑦2枚一緒にジグザグミシンをかけ、
ぬいしろは身ごろ側に倒す
⑥すそフリルの糸を引き、
ギャザーを寄せてぬう

F-1

photo p.14

型紙…C面

【材料】数字は左から
110 ／120 ／130 ／140㎝サイズ
布地：綿（リバティ Palazzo J19C ピンク系）
108㎝幅×160 ／180 ／200 ／230㎝
その他：接着芯…30×30㎝
伸び止め接着テープ…1.5㎝幅×40㎝
ボタン…直径1.1㎝×1個

【でき上がり寸法】　単位：㎝

	110	120	130	140
胸囲	104	112	120	128
着丈	66.5	73.5	80.5	87.5

【作り方順序】

1. ぬいしろの始末をする

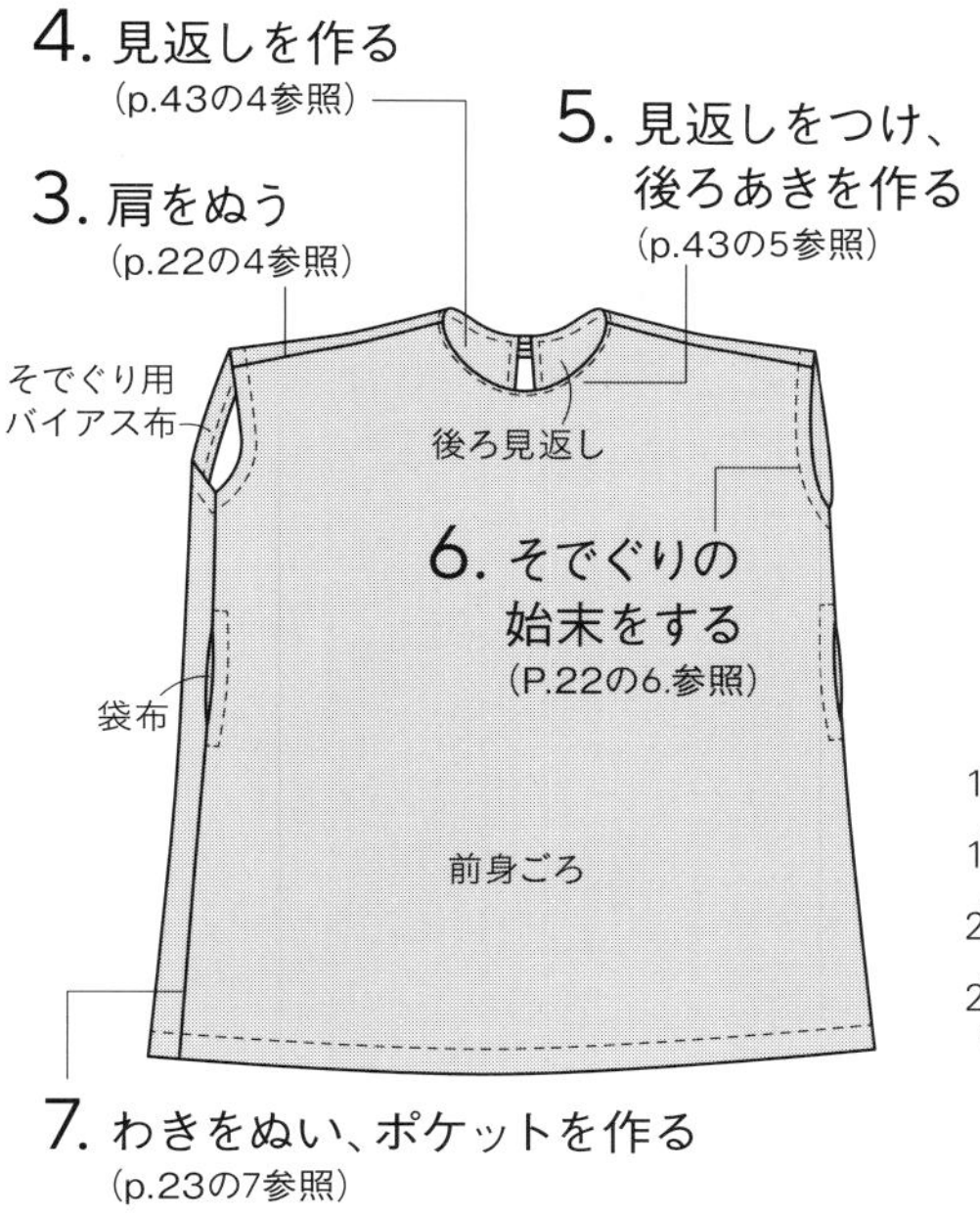

4. 見返しを作る
(p.43の4参照)
5. 見返しをつけ、後ろあきを作る
(p.43の5参照)
3. 肩をぬう
(p.22の4参照)
そでぐり用バイアス布
後ろ見返し
6. そでぐりの始末をする
(P.22の6.参照)
袋布
前身ごろ
7. わきをぬい、ポケットを作る
(p.23の7参照)

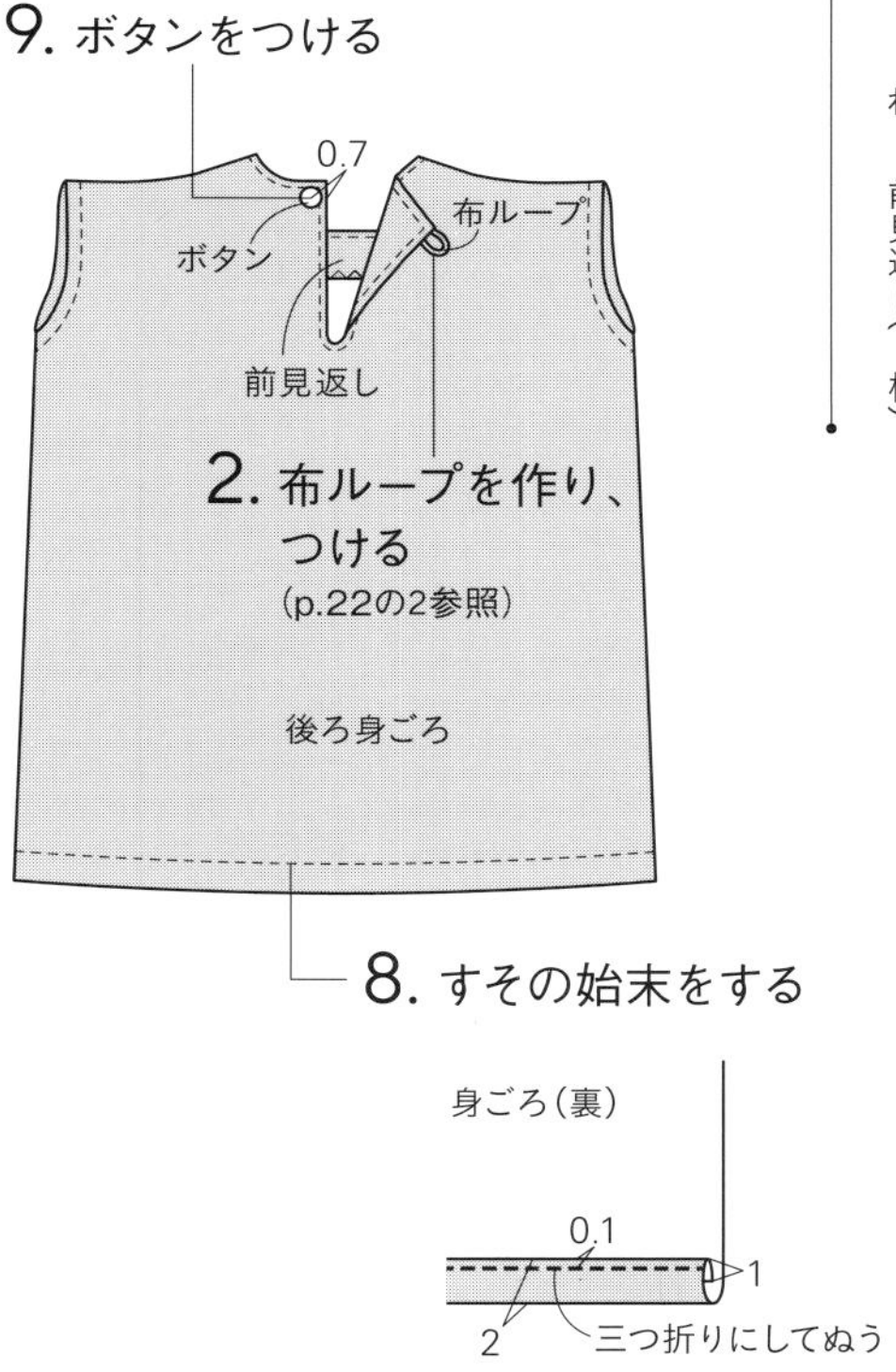

9. ボタンをつける
0.7
布ループ
ボタン
前見返し
2. 布ループを作り、つける
(p.22の2参照)
後ろ身ごろ
8. すその始末をする
身ごろ（裏）
0.1
1
2
三つ折りにしてぬう

【裁ち合わせ図】

・○の中の数字はぬいしろ寸法。指定以外は1㎝
・数字は上から
110 ／120 ／130 ／140㎝サイズ
・▒は裁断後、裏に接着芯をはる
・▨は裁断後、裏に伸び止め接着テープをはる

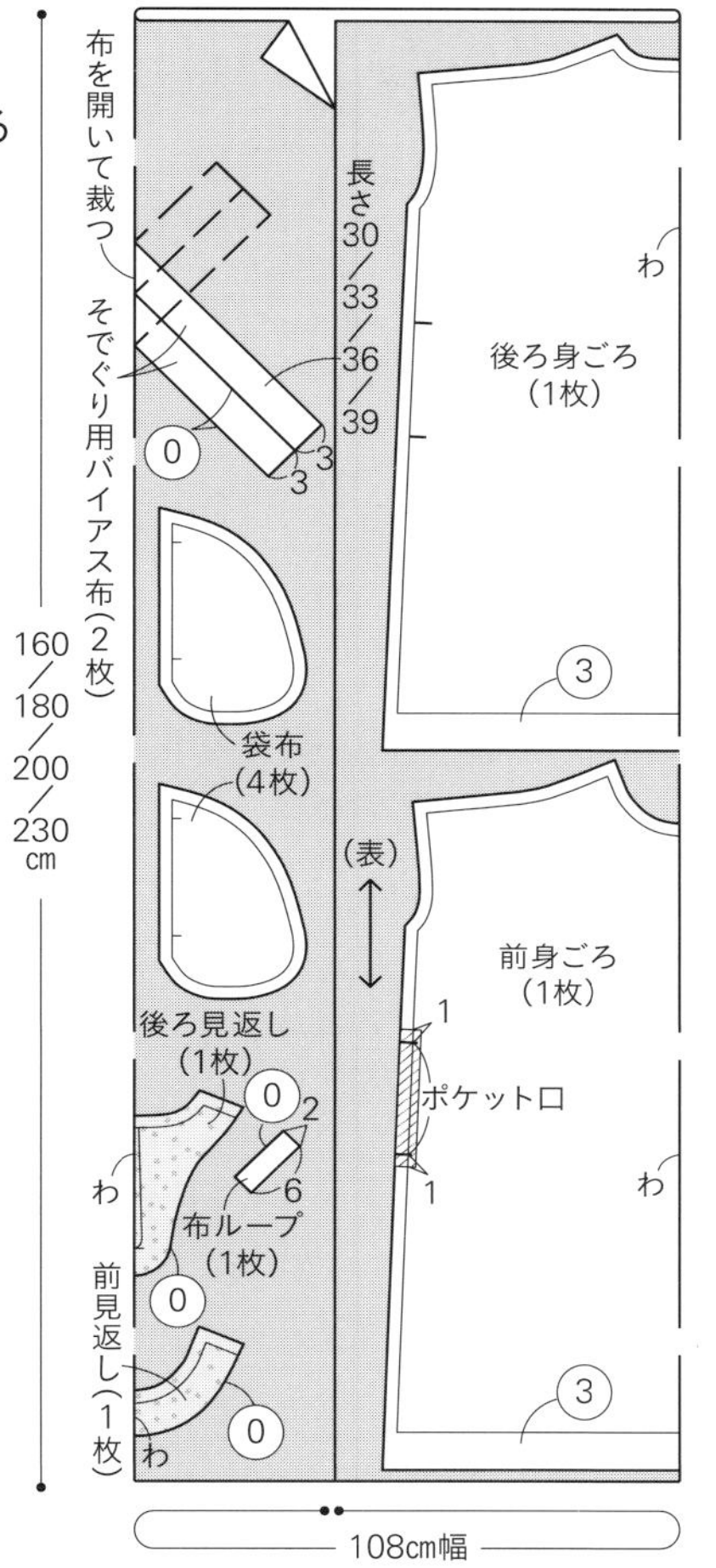

布を開いて裁つ
長さ30／33／36／39
そでぐり用バイアス布（2枚）
0
3
3
後ろ身ごろ（1枚）
わ
3
袋布（4枚）
160／180／200／230㎝
（表）
前身ごろ（1枚）
1
ポケット口
1
わ
後ろ見返し（1枚）
0
2
6
布ループ（1枚）
わ
0
前見返し（1枚）
0
わ
3
108㎝幅

1. ぬいしろの始末をする

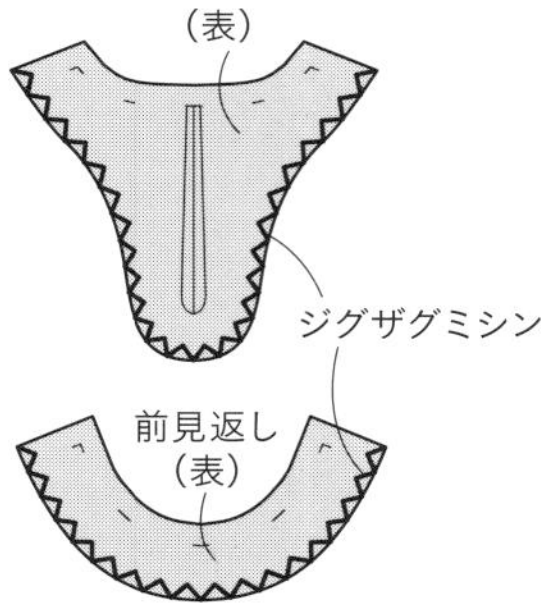

後ろ見返し（表）
ジグザグミシン
前見返し（表）

※前身ごろ、後ろ身ごろ、袋布は
p.21の1参照

F-2

photo p.15

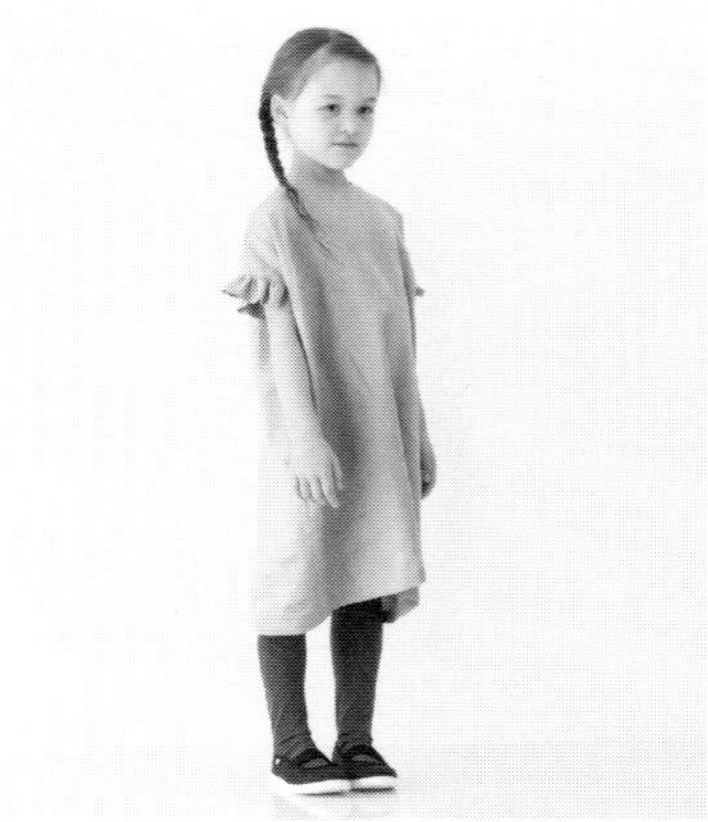

型紙…C面

【材料】数字は左から
110／120／130／140cmサイズ
布地：麻（天使のリネン ストーン）
100cm幅×180／200／230／250cm
その他：接着芯…30×30cm
伸び止め接着テープ…1.5cm幅×40cm
ボタン…直径1.1cm×1個

【でき上がり寸法】 単位：cm

	110	120	130	140
胸囲	104	112	120	128
着丈	66.5	73.5	80.5	87.5

【作り方順序】

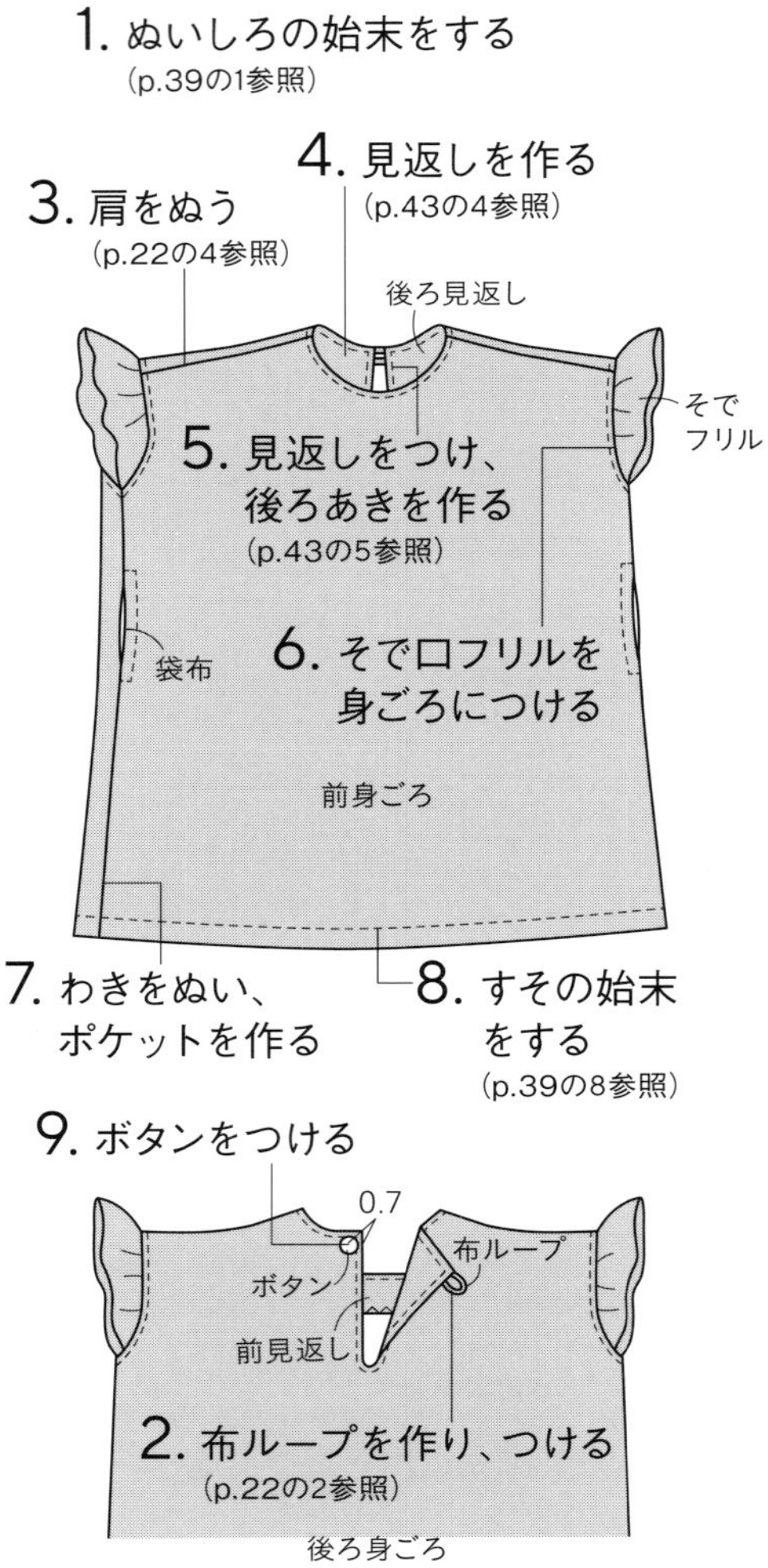

【裁ち合わせ図】

・○の中の数字はぬいしろ寸法。指定以外は1cm
・数字は上から110／120／130／140cmサイズ
・▭は裁断後、裏に接着芯をはる
・▨は裁断後、裏に伸び止め接着テープをはる

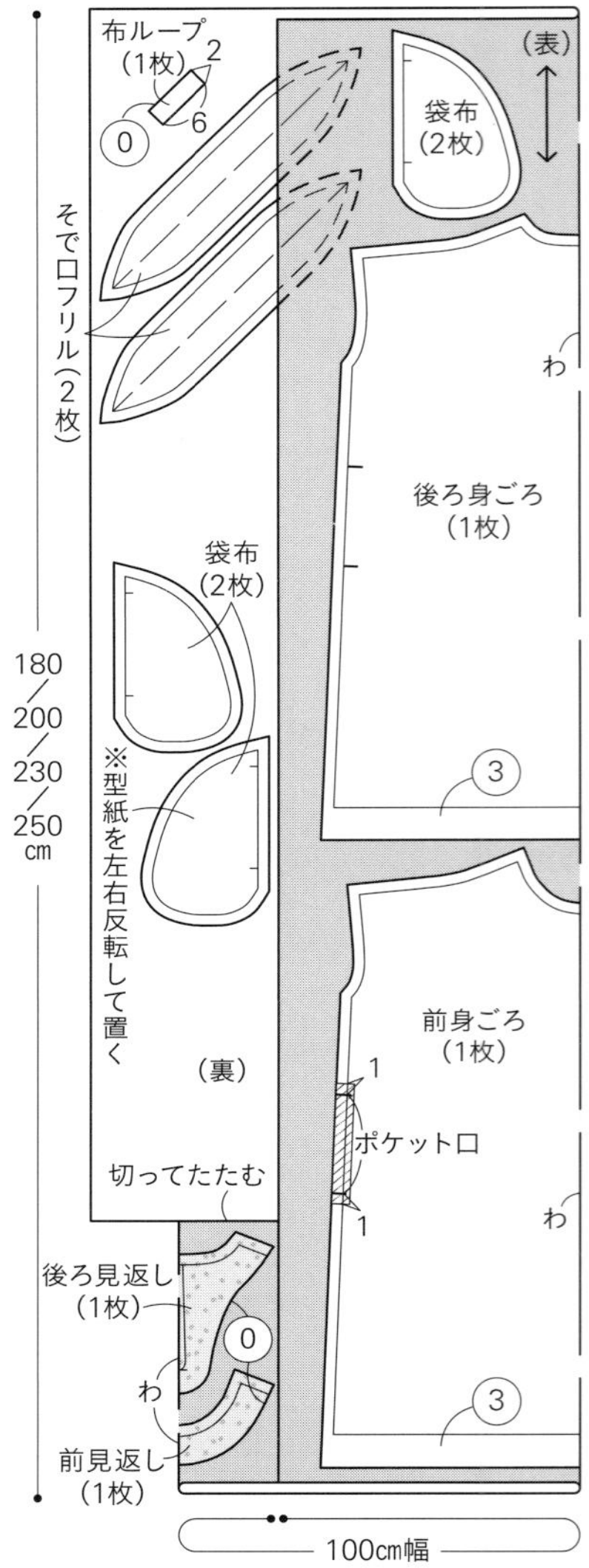

【作り方】

6. そで口フリルを身ごろにつける

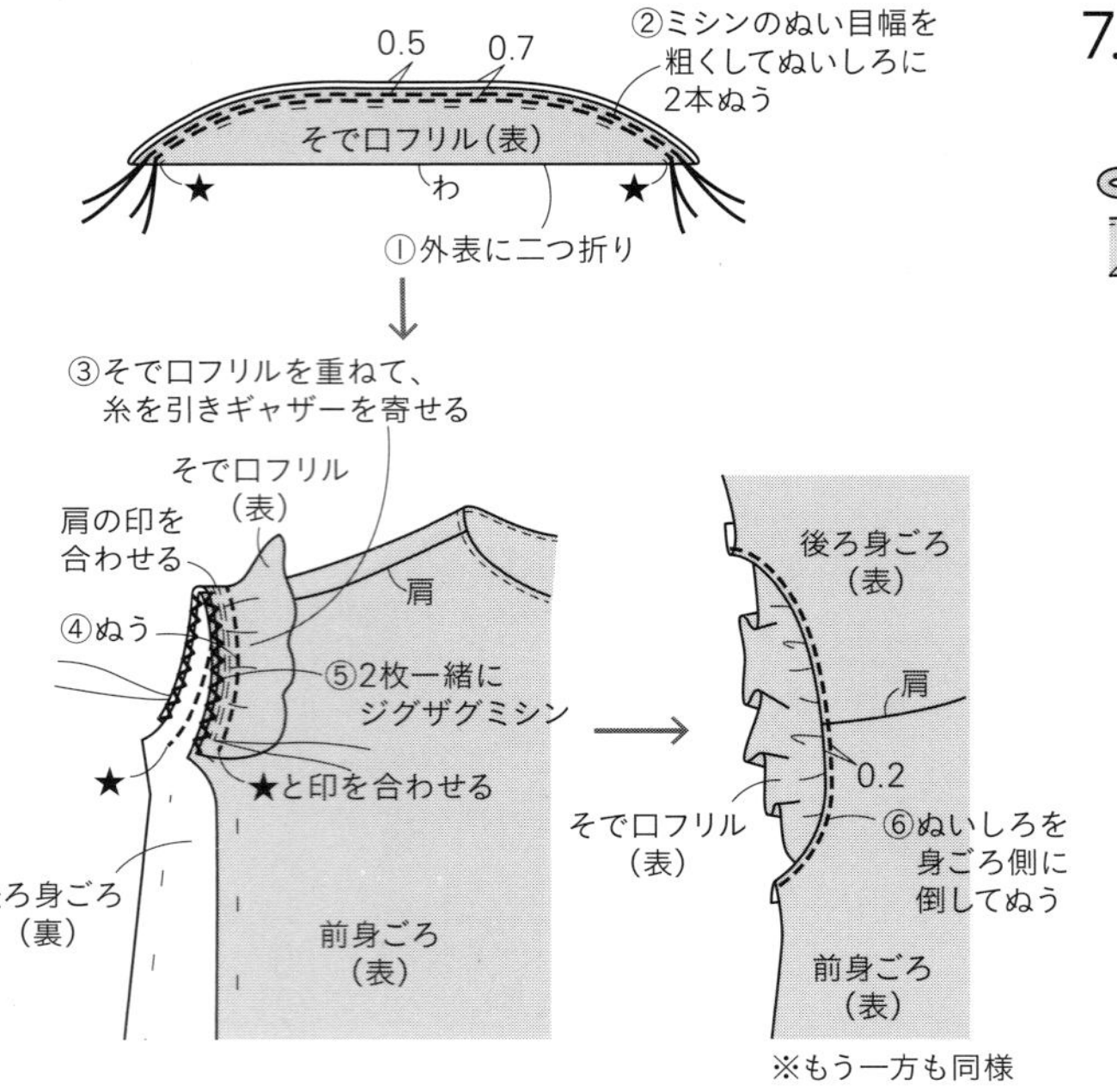

7. わきをぬい、ポケットを作る

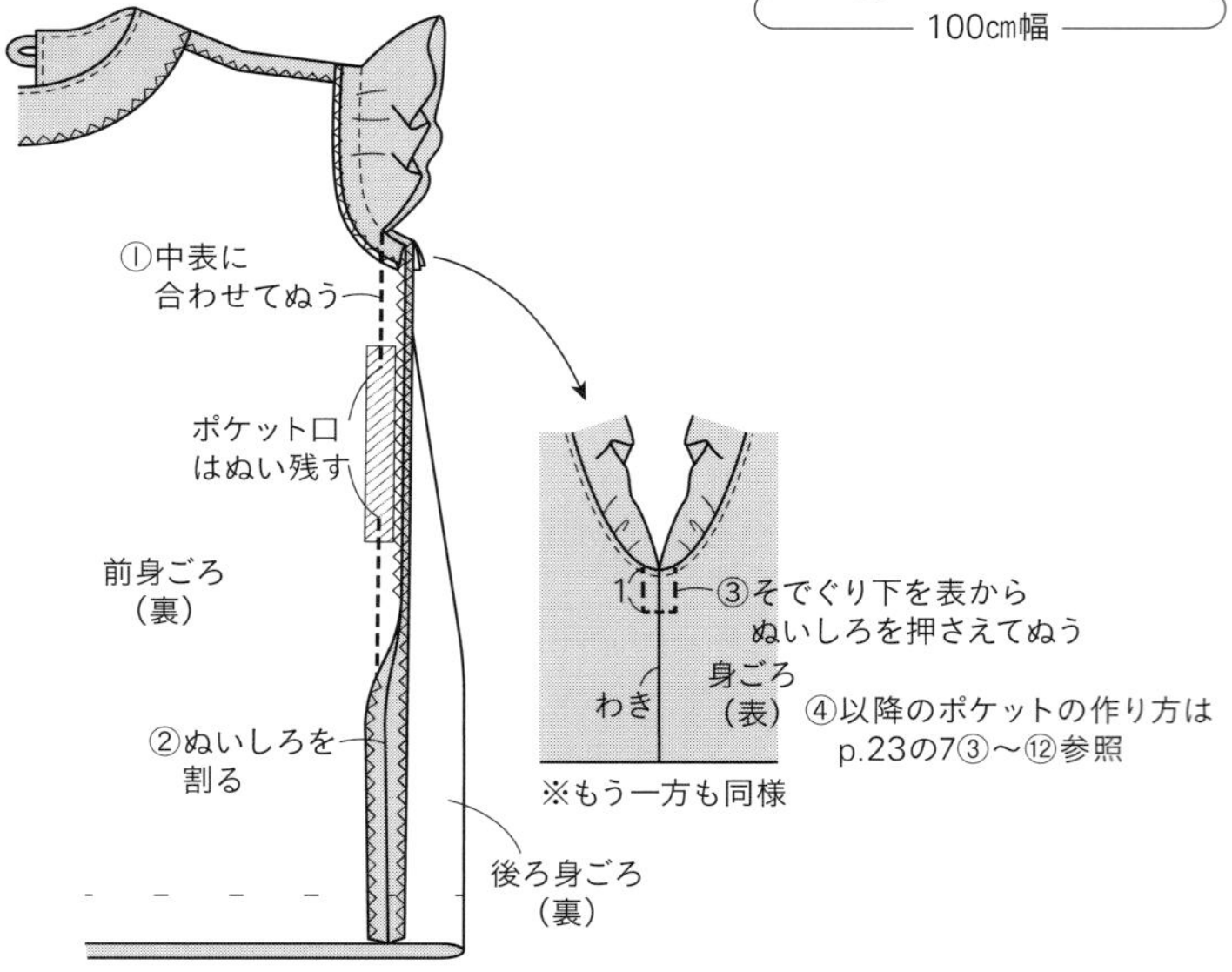

F-3

photo p.15

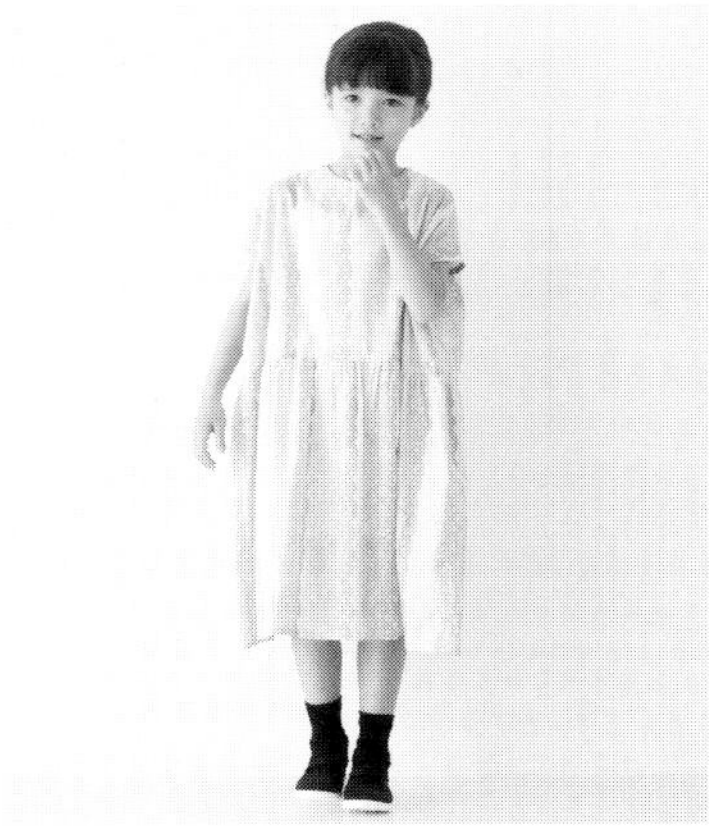

型紙…C面

【材料】数字は左から
110／120／130／140cmサイズ
布地：綿(リバティ Ariel DT ライトグリーン・エメラルドアクアブルー)
108cm幅×170／190／200／230cm
その他：接着芯…30×30cm
ボタン…直径1.1cm×1個

【でき上がり寸法】 単位：cm

	110	120	130	140
胸囲	104	112	120	128
着丈	70	77	84	91

【作り方順序】

1. ぬいしろの始末をする
(p.42の1参照)

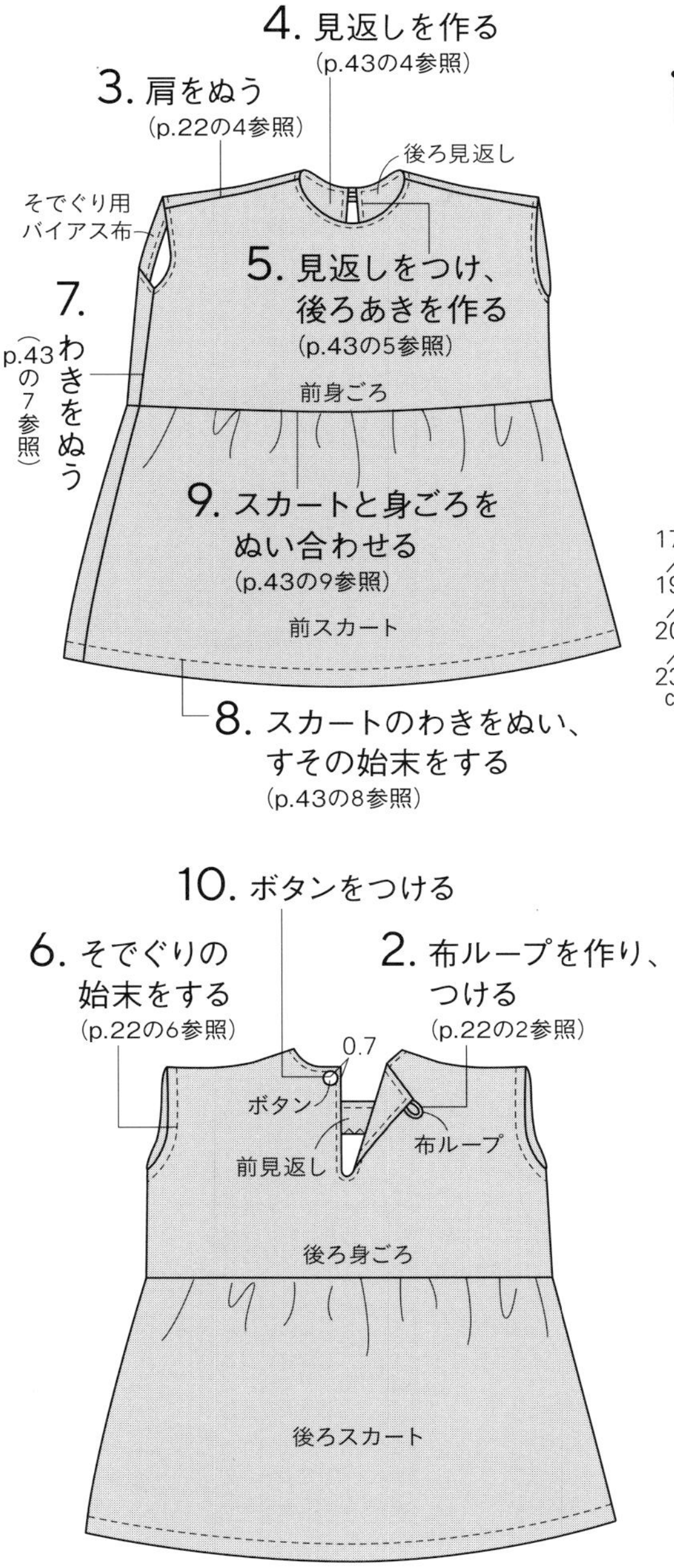

4. 見返しを作る
(p.43の4参照)
3. 肩をぬう
(p.22の4参照)
後ろ見返し
そでぐり用
バイアス布
5. 見返しをつけ、
後ろあきを作る
(p.43の5参照)
7. わきをぬう
(p.43の7参照)
前身ごろ
9. スカートと身ごろを
ぬい合わせる
(p.43の9参照)
前スカート
8. スカートのわきをぬい、
すその始末をする
(p.43の8参照)
10. ボタンをつける
6. そでぐりの
始末をする
(p.22の6参照)
2. 布ループを作り、
つける
(p.22の2参照)
0.7
ボタン
前見返し
布ループ
後ろ身ごろ
後ろスカート

【裁ち合わせ図】

・○の中の数字はぬいしろ寸法。指定以外は1cm
・数字は上から
110／120／130／140cmサイズ
・▒は裁断後、裏に接着芯をはる

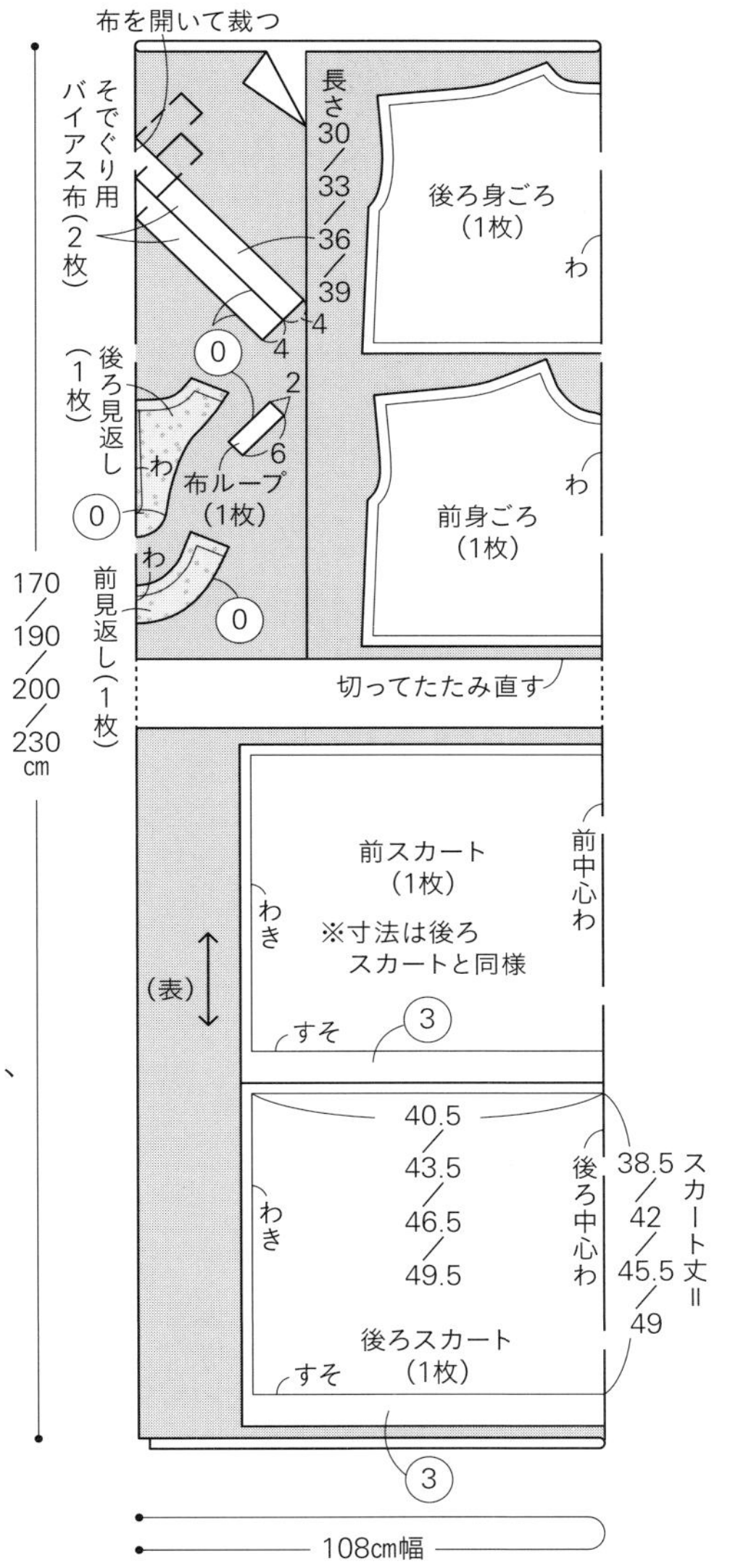

布を開いて裁つ
そでぐり用バイアス布(2枚)
長さ30／33／36／39
4
4
後ろ身ごろ
(1枚)
わ
0
2
6
後ろ見返し(1枚)
わ
布ループ
(1枚)
0
前身ごろ
(1枚)
わ
わ
0
前見返し(1枚)
170／190／200／230cm
切ってたたみ直す
前スカート
(1枚)
前中心わ
わき
※寸法は後ろ
スカートと同様
(表)
すそ
3
40.5／43.5／46.5／49.5
わき
後ろ中心わ
38.5／42／45.5／49
スカート丈＝
後ろスカート
(1枚)
すそ
3
108cm幅

G-1

photo p.16

型紙…B面

【材料】数字は左から
110 ／120 ／130 ／140㎝サイズ
布地：綿(コットンmarie flower マッシュルームにネイビーブルー)
104㎝幅×150 ／160 ／180 ／200㎝
綿(海のブロード マッシュルーム)
110㎝幅×70 ／80 ／80 ／90㎝
その他：接着芯…30×30㎝
ボタン…直径1.1㎝×1個

【でき上がり寸法】 単位：㎝

	110	120	130	140
胸囲	75.5	81.5	87.5	93.5
着丈	71.5	79	86.5	94

【作り方順序】

1. ぬいしろの始末をする

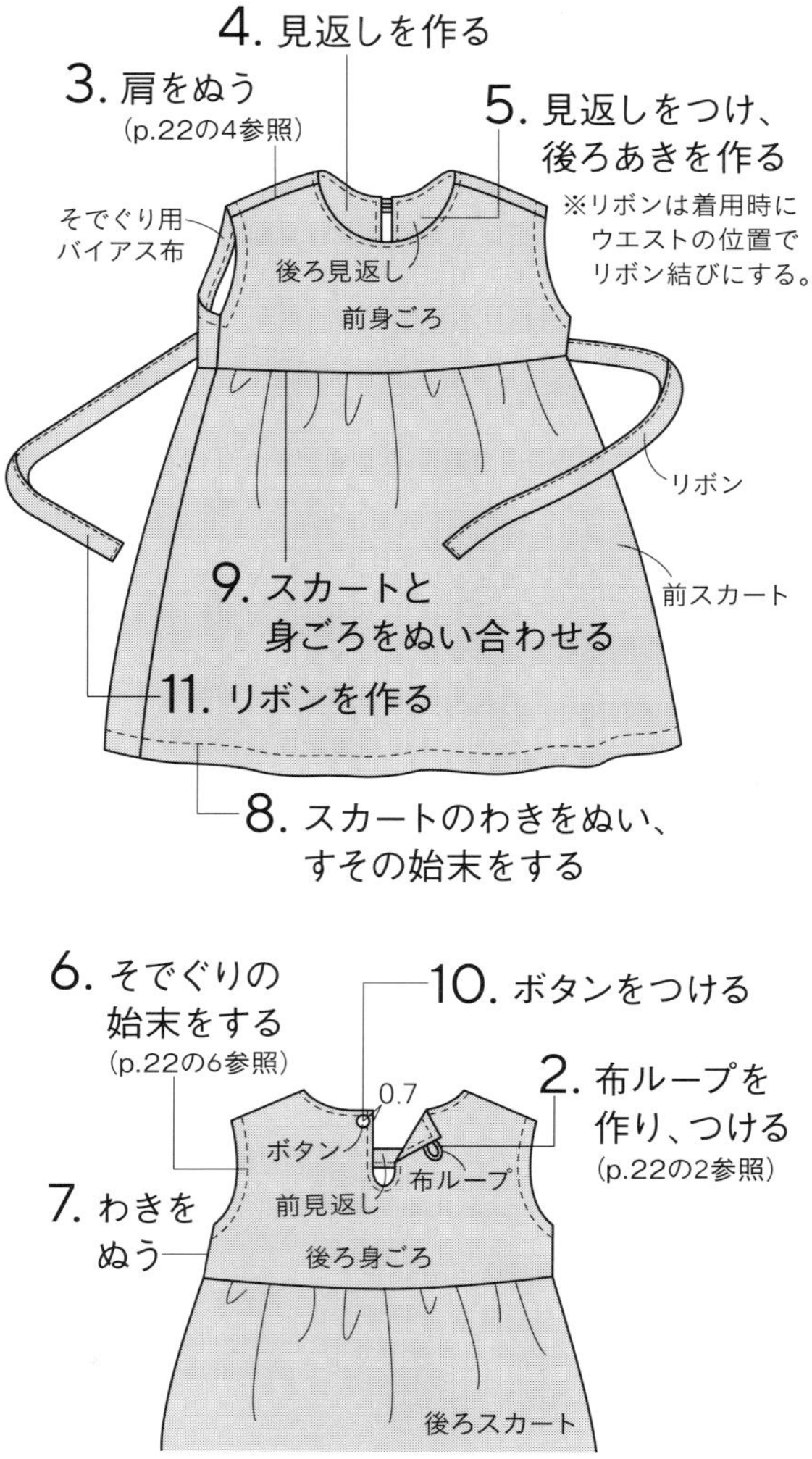

4. 見返しを作る
3. 肩をぬう
(p.22の4参照)
5. 見返しをつけ、後ろあきを作る
そでぐり用バイアス布
後ろ見返し
前身ごろ
※リボンは着用時にウエストの位置でリボン結びにする。
リボン
前スカート
9. スカートと身ごろをぬい合わせる
11. リボンを作る
8. スカートのわきをぬい、すその始末をする
6. そでぐりの始末をする
(p.22の6参照)
10. ボタンをつける
0.7
2. 布ループを作り、つける
(p.22の2参照)
ボタン
布ループ
前見返し
7. わきをぬう
後ろ身ごろ
後ろスカート

【裁ち合わせ図】

・○の中の数字はぬいしろ寸法。指定以外は1㎝
・数字は上から
110 ／120 ／130 ／140㎝サイズ
・▒は裁断後、裏に接着芯をはる

コットンmarie flower

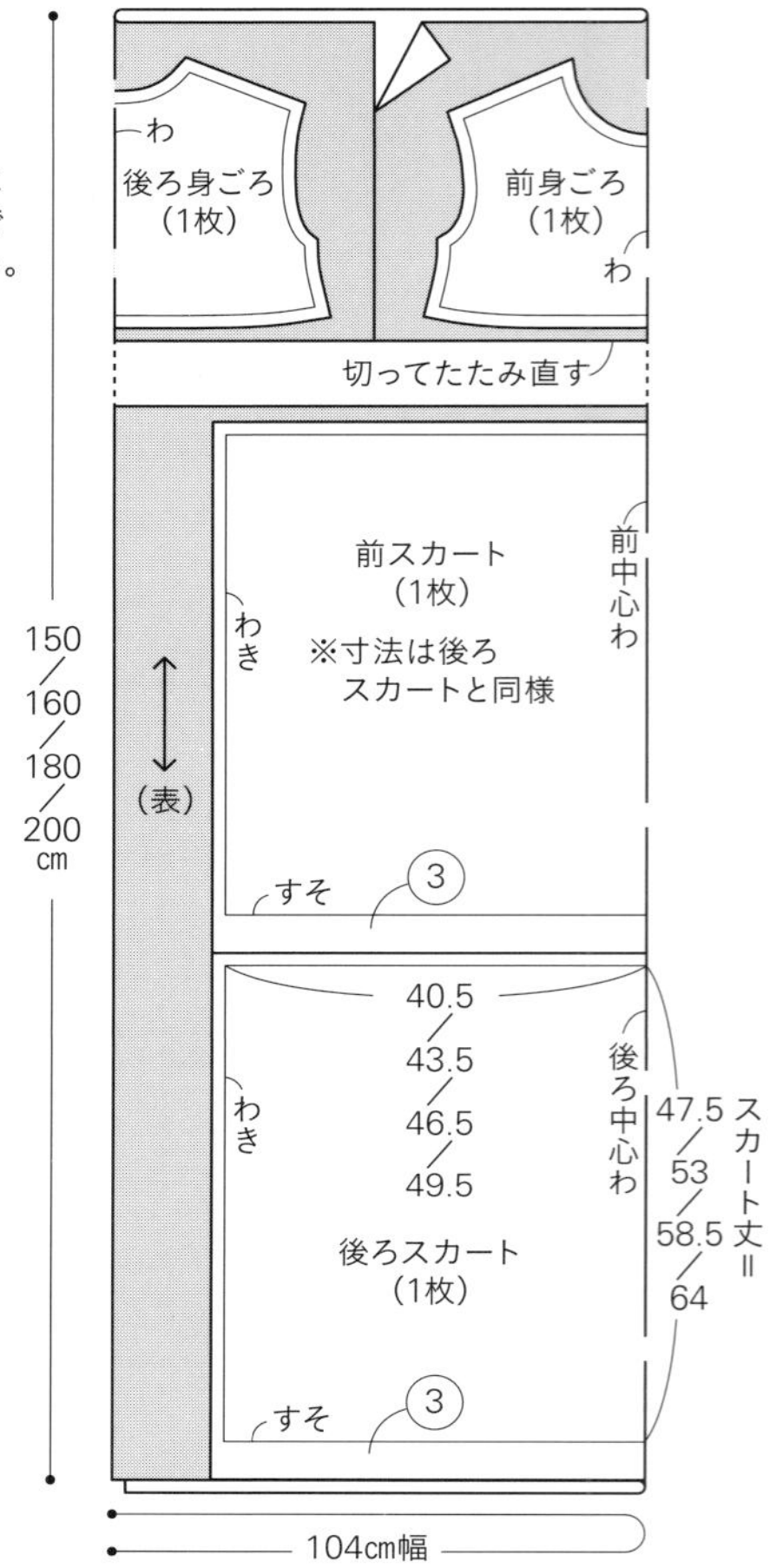

わ
後ろ身ごろ
(1枚)
前身ごろ
(1枚)
わ
切ってたたみ直す
前スカート
(1枚)
※寸法は後ろスカートと同様
わき
前中心わ
150
160
180
200
㎝
(表)
すそ
3
40.5
43.5
46.5
49.5
わき
後ろスカート
(1枚)
後ろ中心わ
47.5
53
58.5
64
スカート丈＝
すそ
3
104㎝幅

【作り方】

1. ぬいしろの始末をする

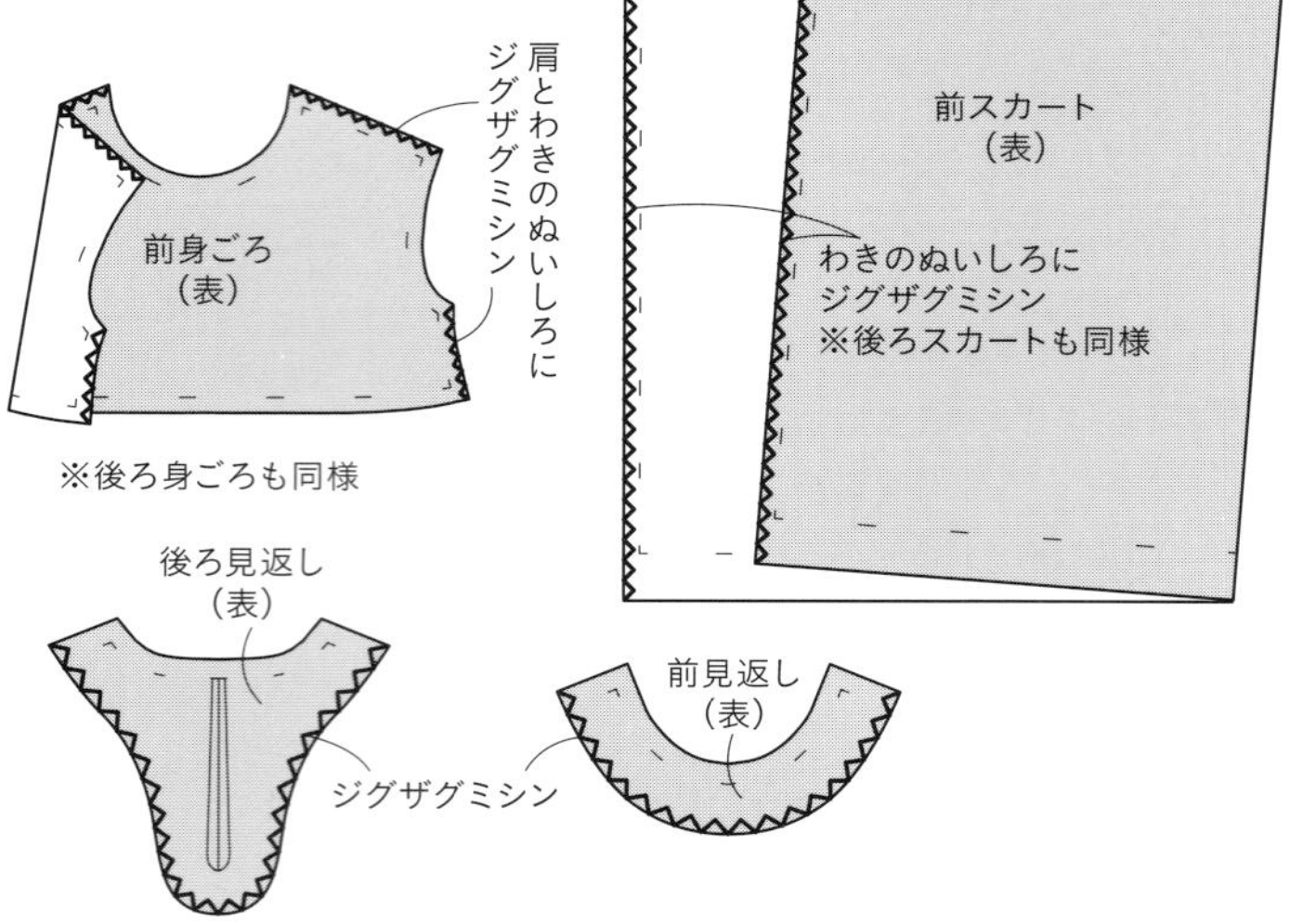

肩とわきのぬいしろにジグザグミシン
前身ごろ
(表)
※後ろ身ごろも同様
前スカート
(表)
わきのぬいしろにジグザグミシン
※後ろスカートも同様
後ろ見返し
(表)
ジグザグミシン
前見返し
(表)

海のブロード

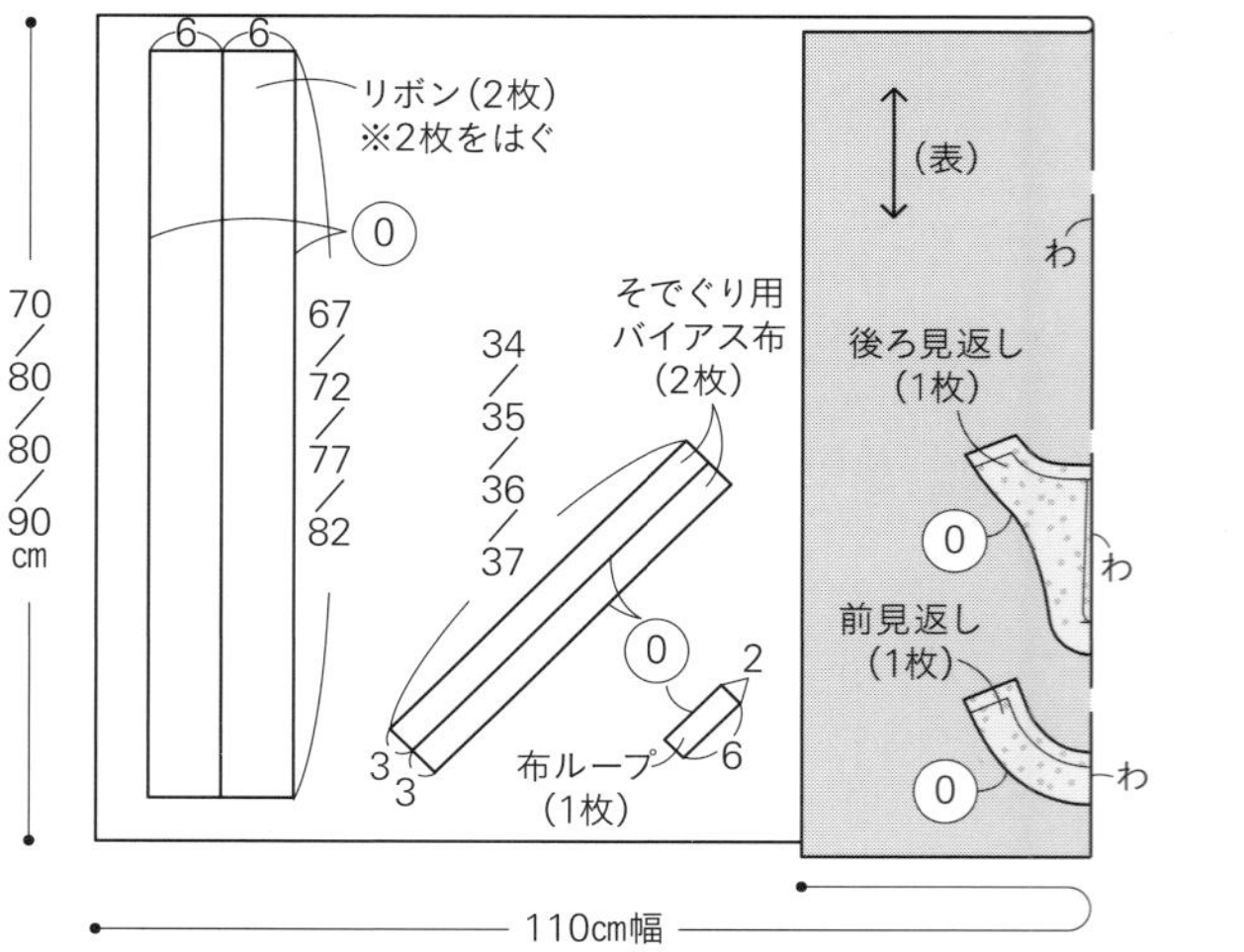

6
6
リボン(2枚)
※2枚をはぐ
0
70
80
80
90
㎝
67
72
77
82
34
35
36
37
そでぐり用
バイアス布
(2枚)
0
2
3
3
6
布ループ
(1枚)
(表)
わ
後ろ見返し
(1枚)
0
わ
前見返し
(1枚)
0
わ
110㎝幅

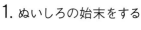

4. 見返しを作る

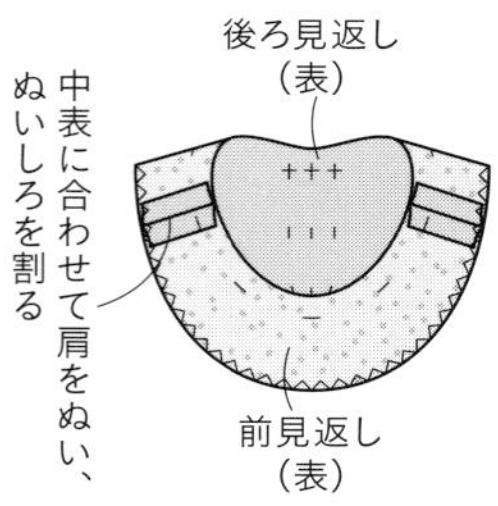
後ろ見返し
（表）
中表に合わせて肩をぬい、
ぬいしろを割る
前見返し
（表）

5. 見返しをつけ、後ろあきを作る

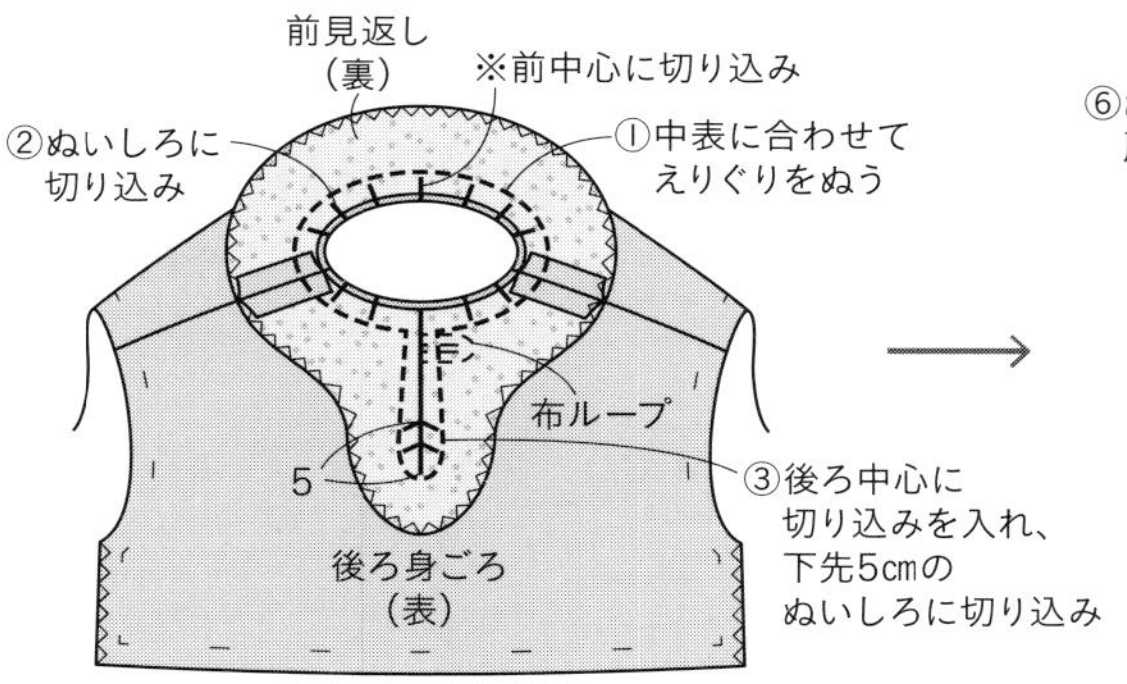
前見返し
（裏）
※前中心に切り込み
②ぬいしろに
切り込み
①中表に合わせて
えりぐりをぬう
布ループ
5
③後ろ中心に
切り込みを入れ、
下先5cmの
ぬいしろに切り込み
後ろ身ごろ
（表）
⑥ぬい目の上をぬい、
肩でぬいとめる
④見返しを表に
返してととのえる
前見返し（表）
0.1
⑥
0.5
0.5
⑤表からぬう
後ろ身ごろ
（裏）

7. わきをぬう

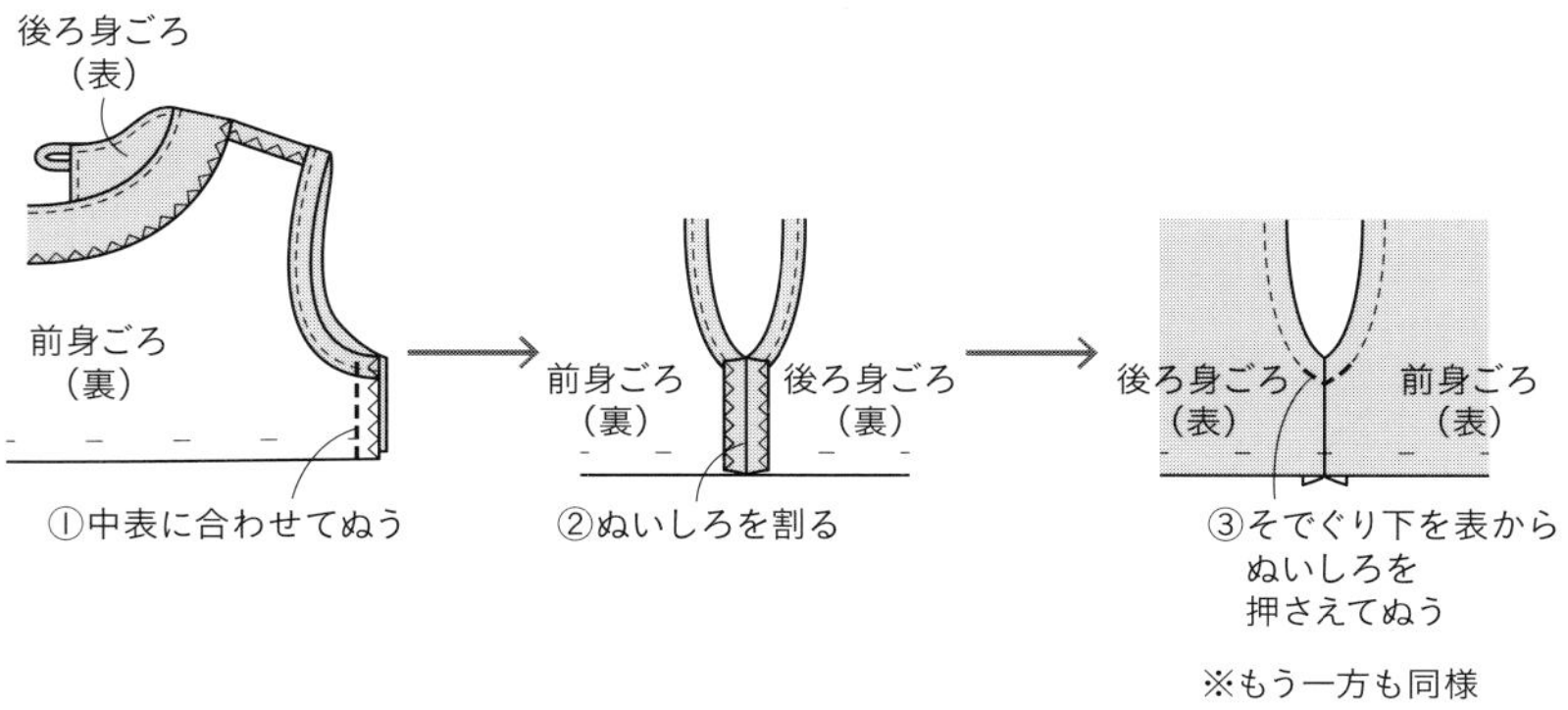
後ろ身ごろ
（表）
前身ごろ
（裏）
①中表に合わせてぬう
前身ごろ
（裏）
後ろ身ごろ
（裏）
②ぬいしろを割る
後ろ身ごろ
（表）
前身ごろ
（表）
③そでぐり下を表から
ぬいしろを
押さえてぬう
※もう一方も同様

8. スカートのわきをぬい、すその始末をする

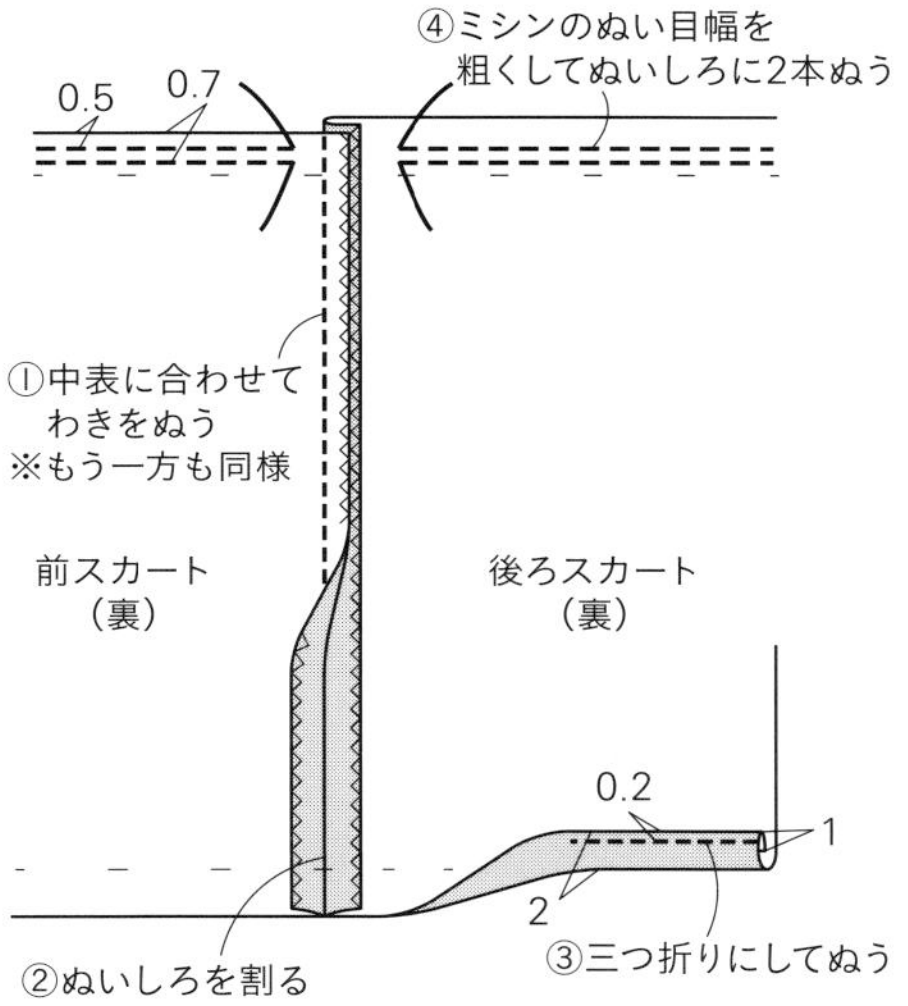
④ミシンのぬい目幅を
粗くしてぬいしろに2本ぬう
0.5
0.7
①中表に合わせて
わきをぬう
※もう一方も同様
前スカート
（裏）
後ろスカート
（裏）
0.2
1
2
②ぬいしろを割る
③三つ折りにしてぬう

9. スカートと身ごろをぬい合わせる

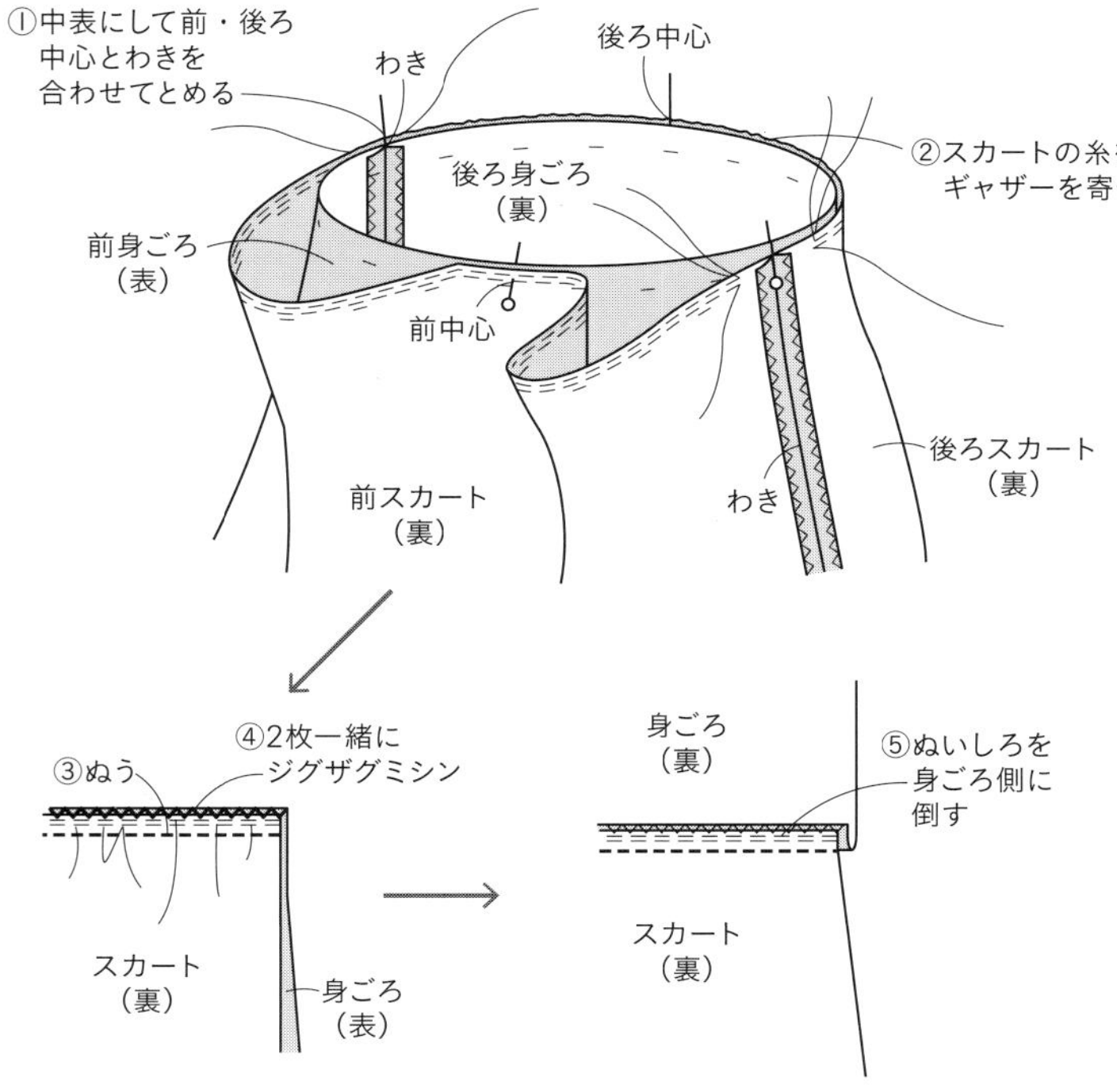
①中表にして前・後ろ
中心とわきを
合わせてとめる
わき
後ろ中心
②スカートの糸を引き、
ギャザーを寄せる
後ろ身ごろ
（裏）
前身ごろ
（表）
前中心
後ろスカート
（裏）
わき
前スカート
（裏）
③ぬう
④2枚一緒に
ジグザグミシン
スカート
（裏）
身ごろ
（表）
身ごろ
（裏）
⑤ぬいしろを
身ごろ側に
倒す
スカート
（裏）

11. リボンを作る

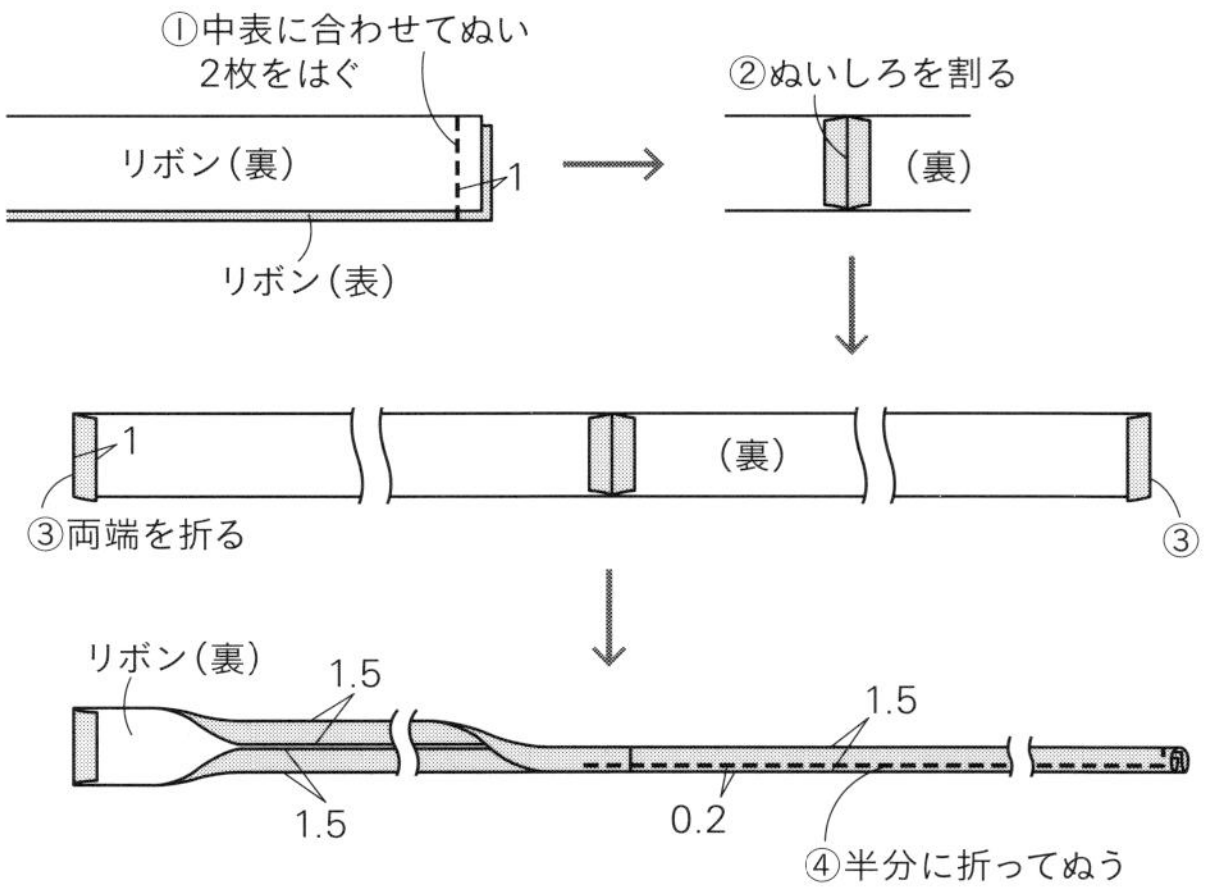
①中表に合わせてぬい
2枚をはぐ
リボン（裏）
1
リボン（表）
②ぬいしろを割る
（裏）
1
（裏）
③両端を折る
③
リボン（裏）
1.5
1.5
1.5
0.2
④半分に折ってぬう

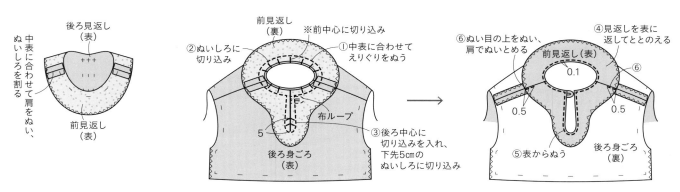

G-2

photo p.17

型紙…B面

【材料】数字は左から
110／120／130／140㎝サイズ
布地：綿（リバティ Sleeping Rose 10W サーモンピンク）
108㎝幅×190／200／220／240㎝
その他：接着芯…30×30㎝
ボタン…直径1.1㎝×1個

【でき上がり寸法】 単位：㎝

	110	120	130	140
胸囲	75.5	81.5	87.5	93.5
着丈	65.5	73	80.5	88

【裁ち合わせ図】

・○の中の数字はぬいしろ寸法。指定以外は1㎝
・数字は上から110／120／130／140㎝サイズ
・▭は裁断後、裏に接着芯をはる

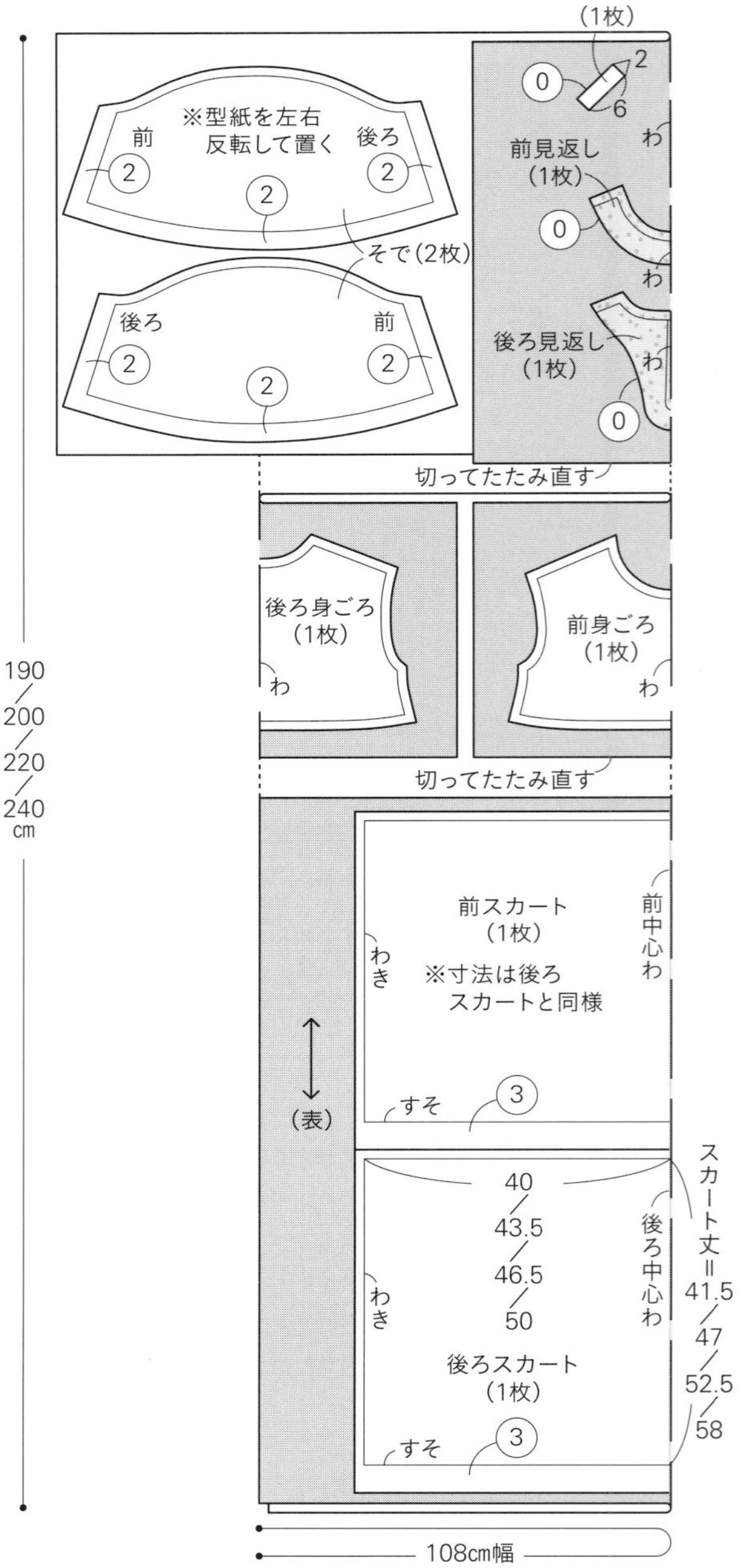

布ループ（1枚）
0
2
6
わ
※型紙を左右反転して置く
前
後ろ
2
そで（2枚）
前見返し（1枚）
後ろ見返し（1枚）
切ってたたみ直す
後ろ身ごろ（1枚）
前身ごろ（1枚）
190／200／220／240㎝
前スカート（1枚）
※寸法は後ろスカートと同様
前中心わ
わき
すそ
3
（表）
40／43.5／46.5／50
後ろスカート（1枚）
後ろ中心わ
スカート丈＝41.5／47／52.5／58
108㎝幅

【作り方順序】

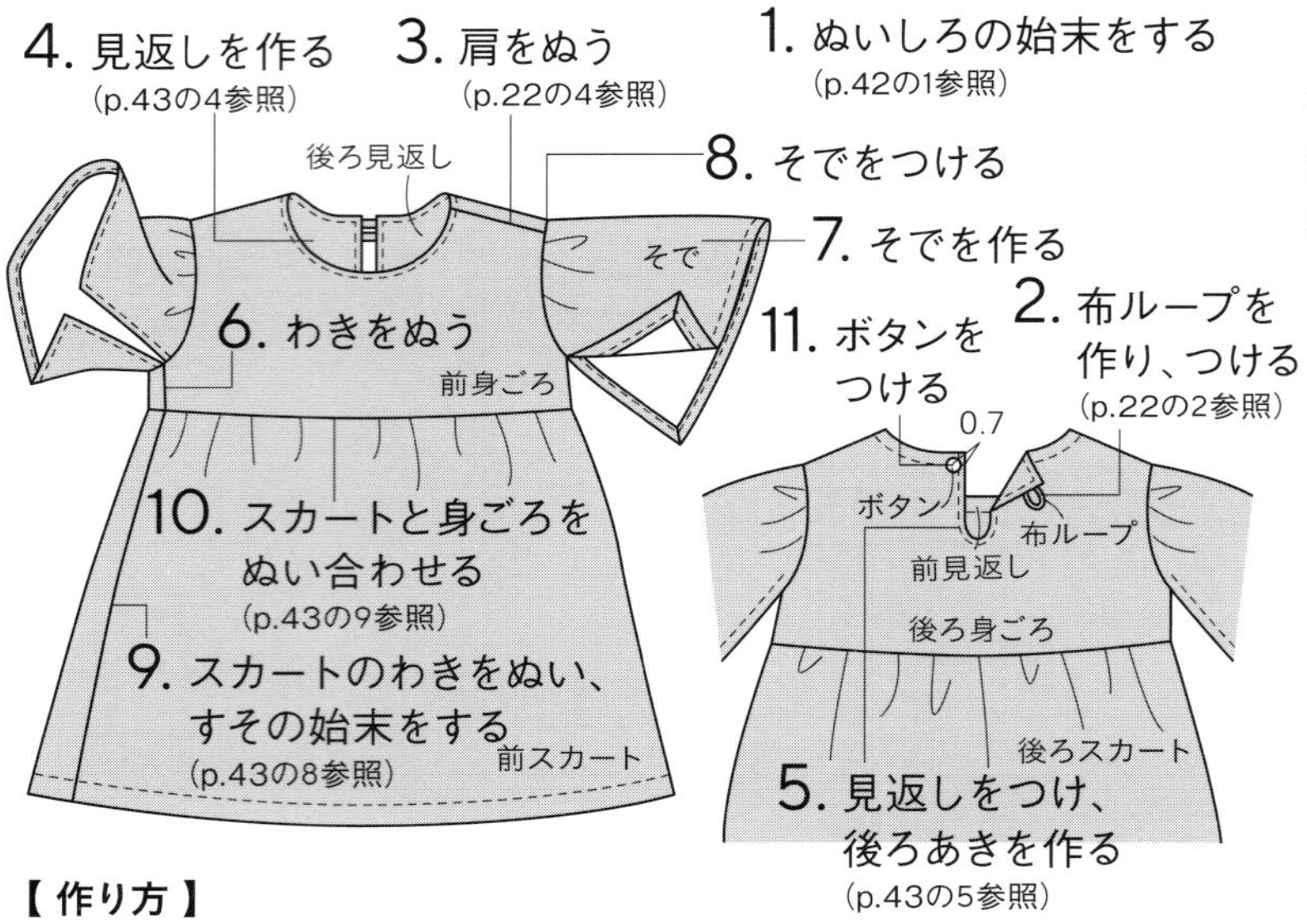

1. ぬいしろの始末をする
（p.42の1参照）
2. 布ループを作り、つける
（p.22の2参照）
3. 肩をぬう
（p.22の4参照）
4. 見返しを作る
（p.43の4参照）
5. 見返しをつけ、後ろあきを作る
（p.43の5参照）
6. わきをぬう
7. そでを作る
8. そでをつける
9. スカートのわきをぬい、すその始末をする
（p.43の8参照）
10. スカートと身ごろをぬい合わせる
（p.43の9参照）
11. ボタンをつける
後ろ見返し
そで
前身ごろ
前スカート
0.7
ボタン
布ループ
前見返し
後ろ身ごろ
後ろスカート

【作り方】

6. わきをぬう

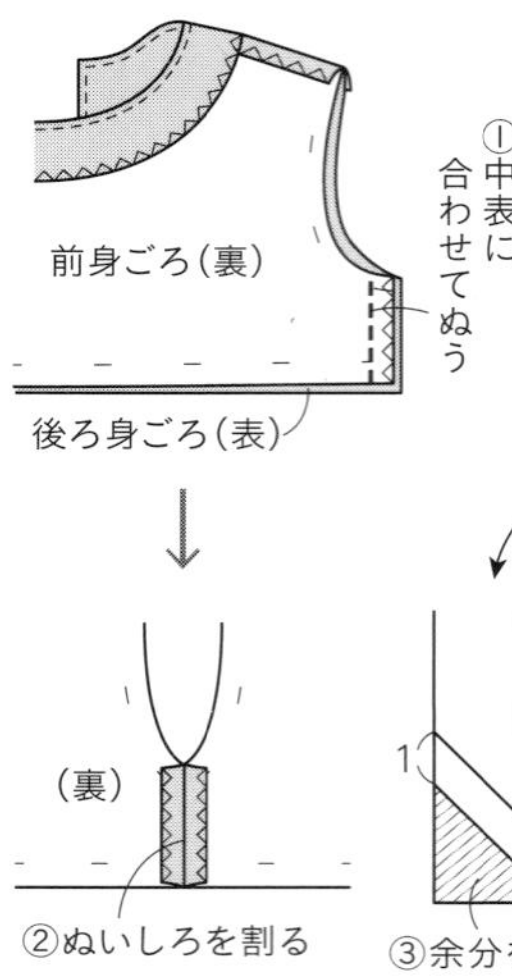

①中表に合わせてぬう
前身ごろ（裏）
後ろ身ごろ（表）
（裏）
②ぬいしろを割る

7. そでを作る

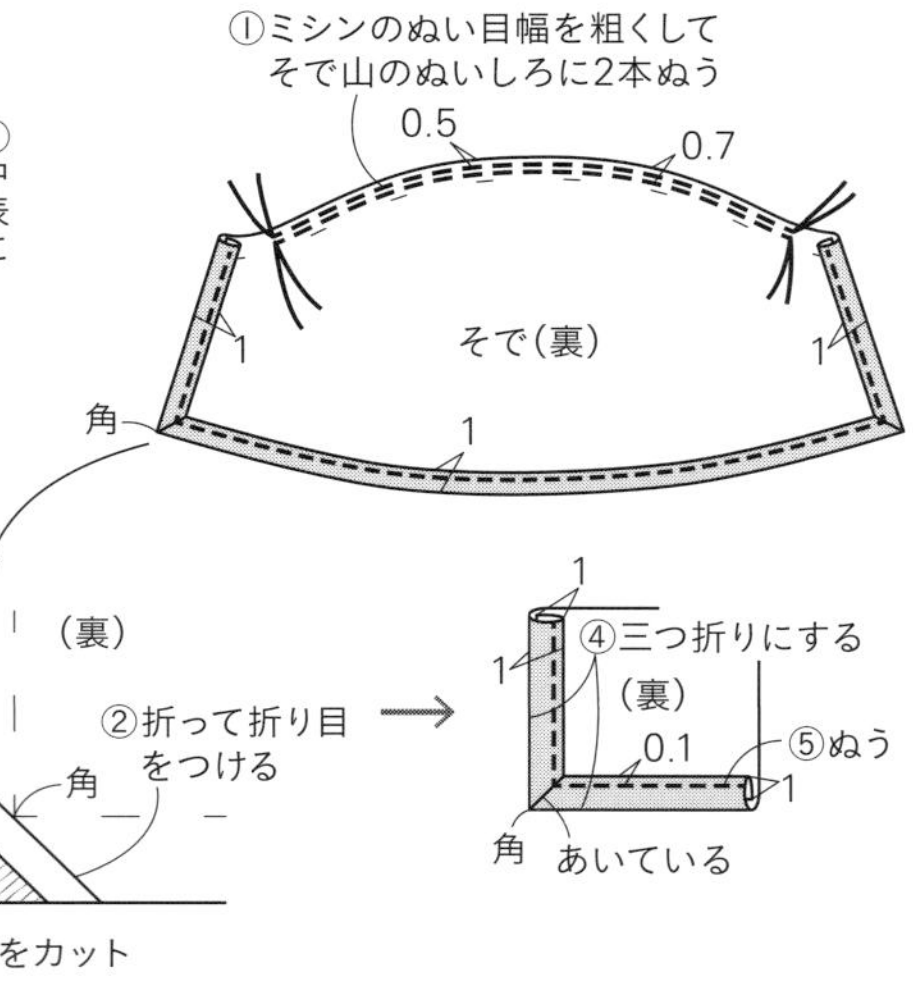

①ミシンのぬい目幅を粗くしてそで山のぬいしろに2本ぬう
0.5
0.7
1
そで（裏）
角
（裏）
②折って折り目をつける
③余分をカット
④三つ折りにする
0.1
⑤ぬう
あいている

8. そでをつける

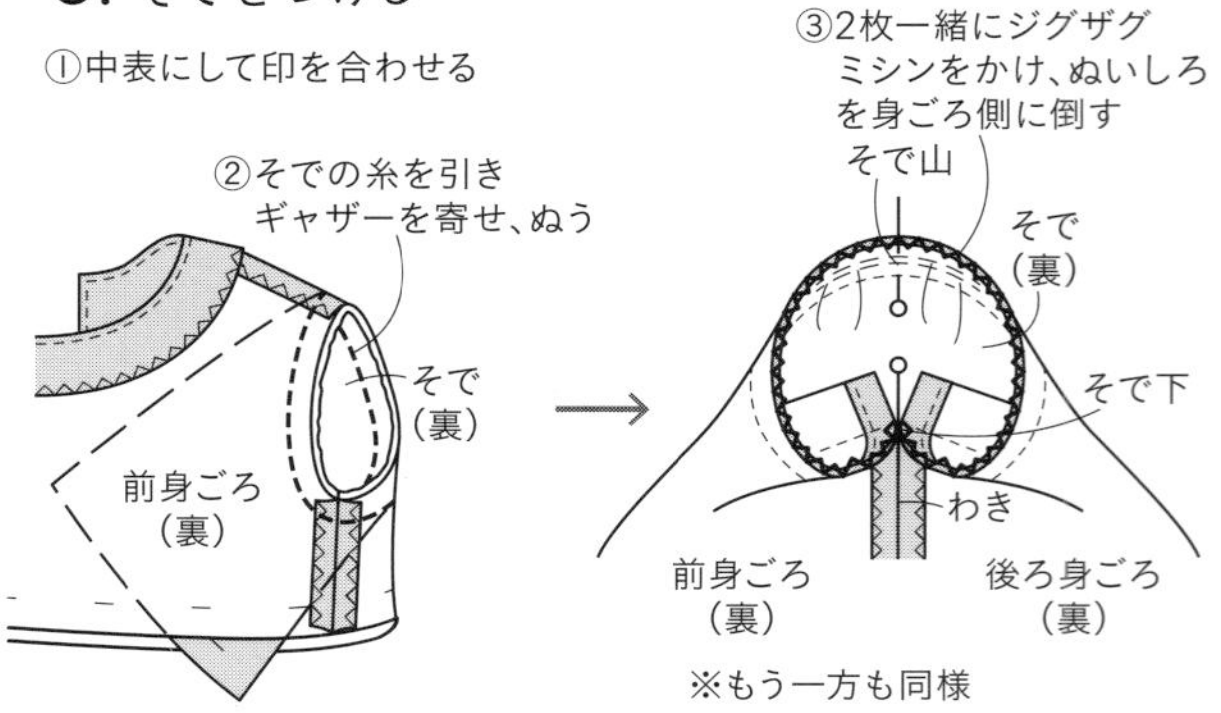

①中表にして印を合わせる
②そでの糸を引きギャザーを寄せ、ぬう
そで（裏）
前身ごろ（裏）
③2枚一緒にジグザグミシンをかけ、ぬいしろを身ごろ側に倒す
そで山
そで（裏）
そで下
わき
前身ごろ（裏）
後ろ身ごろ（裏）
※もう一方も同様

G-3

photo p.18

型紙…B面

【材料】数字は左から
110 ／120 ／130 ／140㎝サイズ
布地:麻(天使のリネン ブルーダジュール)
100㎝幅×220 ／240 ／260 ／280㎝
その他:接着芯…30×30㎝、ボタン…直径1.1㎝×1個、ゴムテープ…1.5㎝幅×14 ／15 ／16 ／17㎝を2本、伸び止め接着テープ…幅1.5㎝×40㎝

【でき上がり寸法】 単位:㎝

	110	120	130	140
胸囲	75.5	81.5	87.5	93.5
着丈	71.5	79	86.5	94

【裁ち合わせ図】

・○の中の数字はぬいしろ寸法。指定以外は1㎝
・数字は上から110 ／120 ／130 ／140㎝サイズ
・▒は裁断後、裏に接着芯をはる

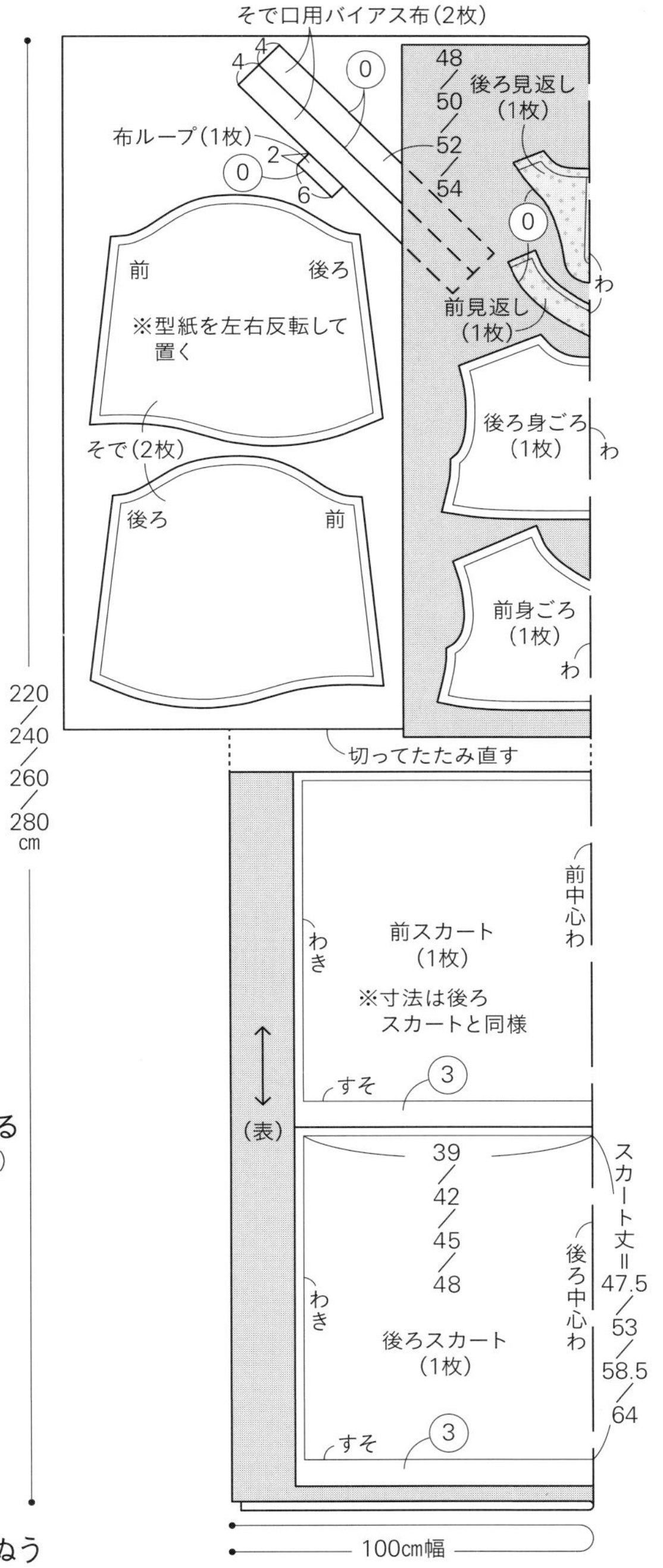

そで口用バイアス布(2枚)
4
4
0
布ループ(1枚)
2
0
6
48／50／52／54
後ろ見返し(1枚)
0
わ
前見返し(1枚)
前
後ろ
※型紙を左右反転して置く
そで(2枚)
後ろ
前
後ろ身ごろ(1枚)
わ
前身ごろ(1枚)
わ
220／240／260／280㎝
切ってたたみ直す
わき
前スカート(1枚)
前中心わ
※寸法は後ろスカートと同様
すそ
3
(表)
39／42／45／48
スカート丈＝47.5／53／58.5／64
わき
後ろスカート(1枚)
後ろ中心わ
すそ
3
100㎝幅

【作り方順序】

1. 前えりぐりに伸び止め接着テープをはる
2. ぬいしろの始末をする(p.42の1参照)

4. 肩をぬう
(p.22の4参照)
5. 見返しを作る
(p.43の4参照)
後ろ見返し
7. そでを作り、つける
(p.25の6参照)
そで
前身ごろ
9. そで口を始末し、ゴムテープを通す
(p.26の8参照)
そで口用バイアス布
8. そで下からわきを続けてぬう
11. スカートと身ごろをぬい合わせる
(p.43の9参照)
10. スカートのわきをぬい、すその始末をする
(p.43の8参照)
前スカート
12. ボタンをつける
3. 布ループを作り、つける
(p.22の2参照)
0.7
ボタン
布ループ
前見返し
後ろ身ごろ
6. 見返しをつけ、後ろあきを作る
(p.43の5参照)
後ろスカート

【作り方】

1. 前えりぐりに伸び止め接着テープをはる

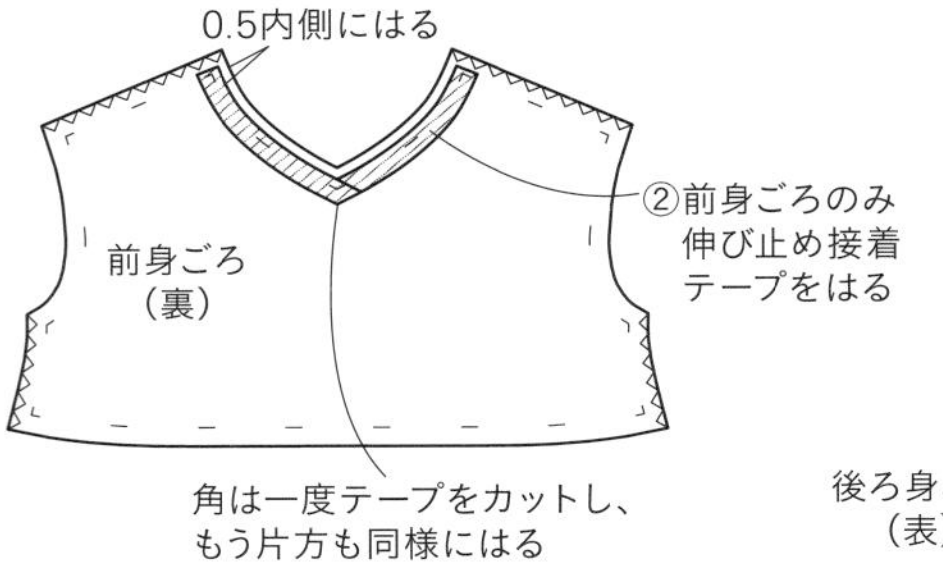

0.5内側にはる
②前身ごろのみ伸び止め接着テープをはる
前身ごろ
(裏)
角は一度テープをカットし、もう片方も同様にはる

8. そで下からわきを続けてぬう

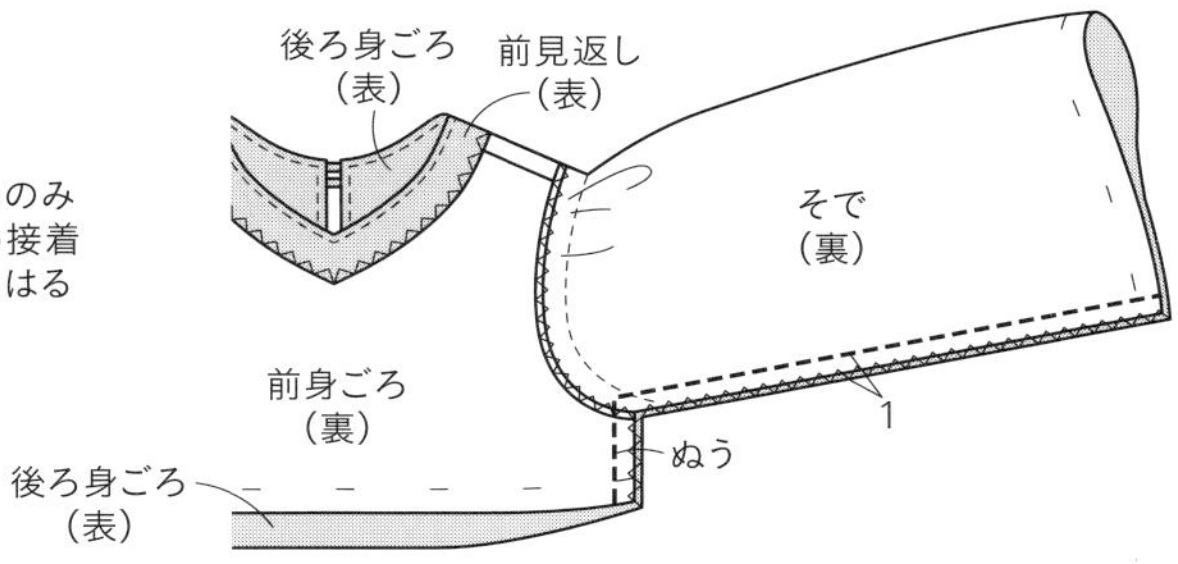

後ろ身ごろ
(表)
前見返し
(表)
そで
(裏)
前身ごろ
(裏)
1
ぬう
後ろ身ごろ
(表)

Pochette

photo p.19

型紙…C面

【 材料 】
布地：綿（コットンパピエギンガムチェック グリーン）105㎝幅×35㎝
綿（リバティ Meadow Tails J20A カラフル系）108㎝幅×20㎝

【 でき上がり寸法 】 単位：cm
袋布…たて14×よこ15㎝

【 作り方順序 】

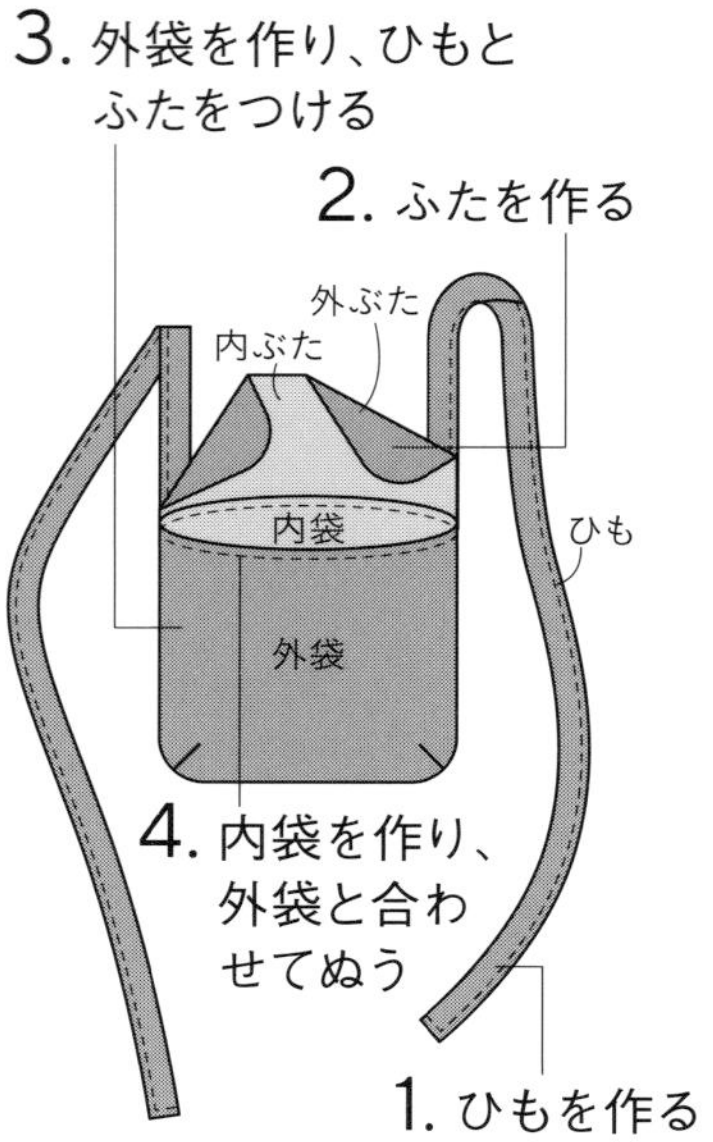

3. 外袋を作り、ひもとふたをつける
2. ふたを作る
外ぶた
内ぶた
内袋
ひも
外袋
4. 内袋を作り、外袋と合わせてぬう
1. ひもを作る

【 裁ち合わせ図 】

・○の中の数字はぬいしろ寸法。指定以外は1㎝

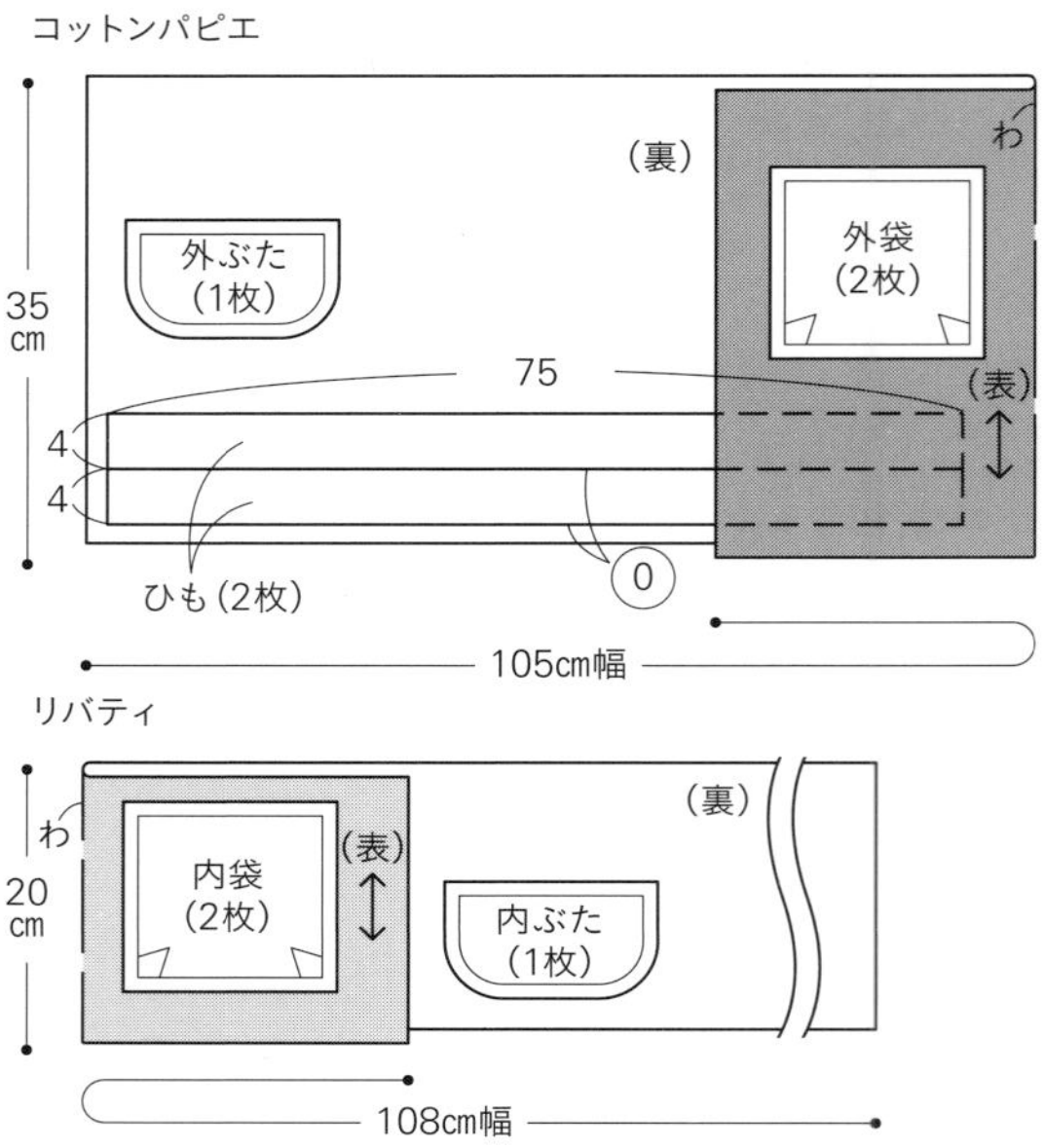

コットンパピエ
(裏)
わ
外袋
(2枚)
外ぶた
(1枚)
35
cm
75
(表)
4
4
ひも(2枚)
0
105㎝幅
リバティ
(裏)
わ
(表)
内袋
(2枚)
内ぶた
(1枚)
20
cm
108㎝幅

【 作り方 】

1. ひもを作る

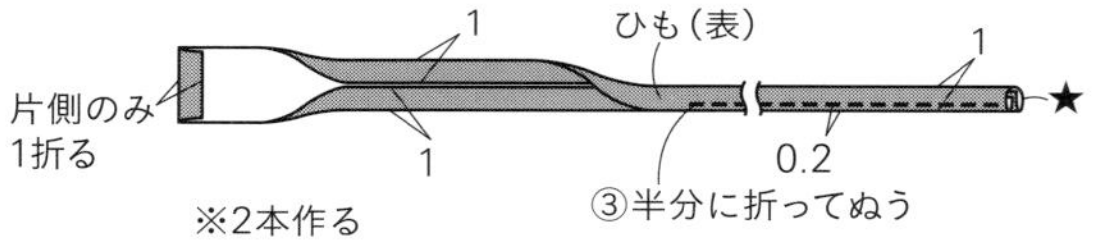

片側のみ
1折る
1
1
ひも(表)
1
★
0.2
③半分に折ってぬう
※2本作る

2. ふたを作る

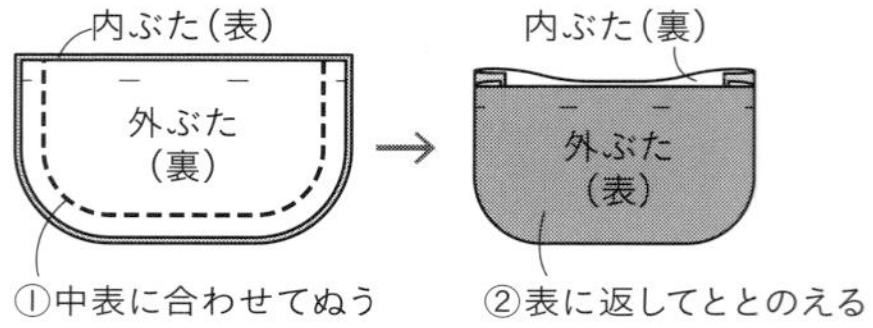

内ぶた(表)
外ぶた
(裏)
①中表に合わせてぬう
内ぶた(裏)
外ぶた
(表)
②表に返してととのえる

3. 外袋を作り、ひもとふたをつける

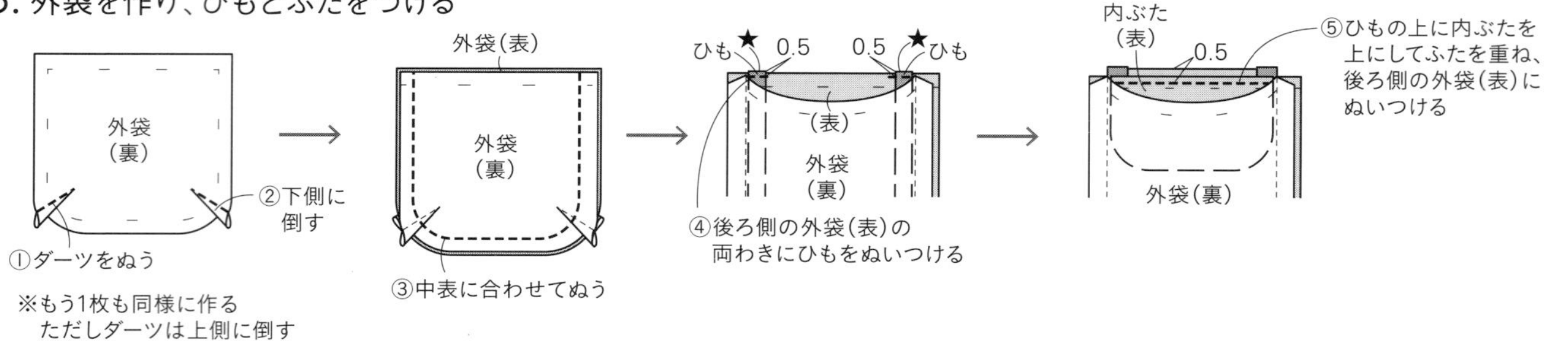

外袋
(裏)
②下側に
倒す
①ダーツをぬう
※もう1枚も同様に作る
ただしダーツは上側に倒す
外袋(表)
外袋
(裏)
③中表に合わせてぬう
ひも
★
0.5
0.5
★
ひも
(表)
外袋
(裏)
④後ろ側の外袋(表)の
両わきにひもをぬいつける
内ぶた
(表)
0.5
⑤ひもの上に内ぶたを
上にしてふたを重ね、
後ろ側の外袋(表)に
ぬいつける
外袋(裏)

4. 内袋を作り、外袋と合わせてぬう

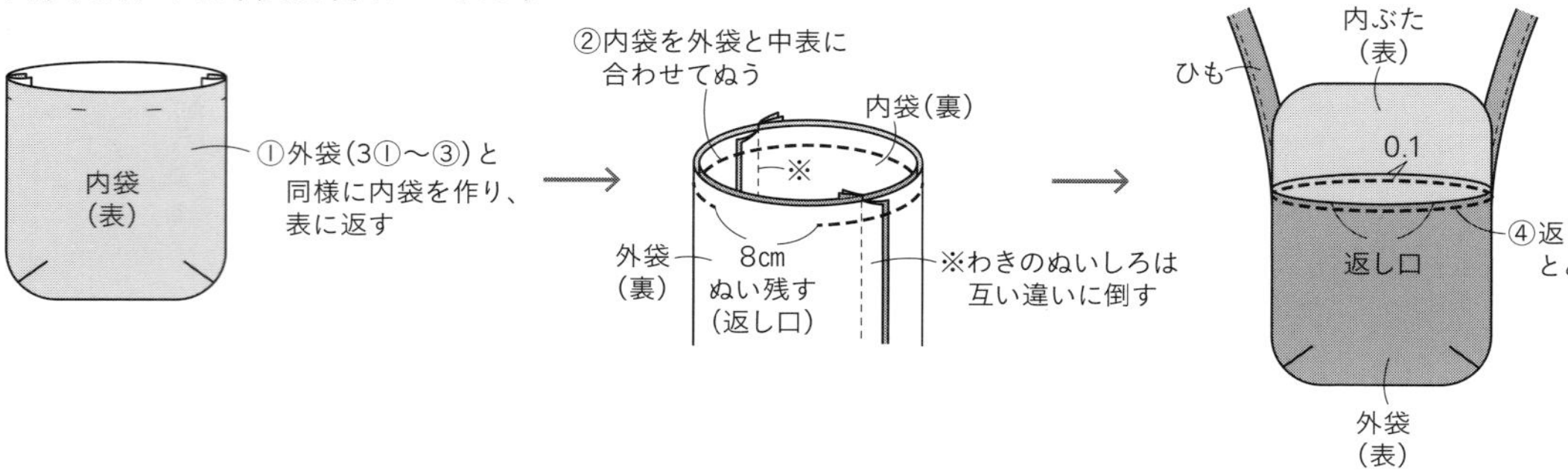

内袋
(表)
①外袋(3①〜③)と
同様に内袋を作り、
表に返す
②内袋を外袋と中表に
合わせてぬう
内袋(裏)
※
外袋
(裏)
8cm
ぬい残す
(返し口)
※わきのぬいしろは
互い違いに倒す
ひも
内ぶた
(表)
0.1
返し口
④返し口から表に返して
ととのえ、袋口をぬう
外袋
(表)

Bag

photo p.19

型紙…C面

【 材料 】

布地：綿（sunny days stripe ブルー×ホワイト）110㎝幅×70㎝

【 でき上がり寸法 】 単位：㎝

袋布…たて21㎝×よこ26㎝

【 作り方順序 】

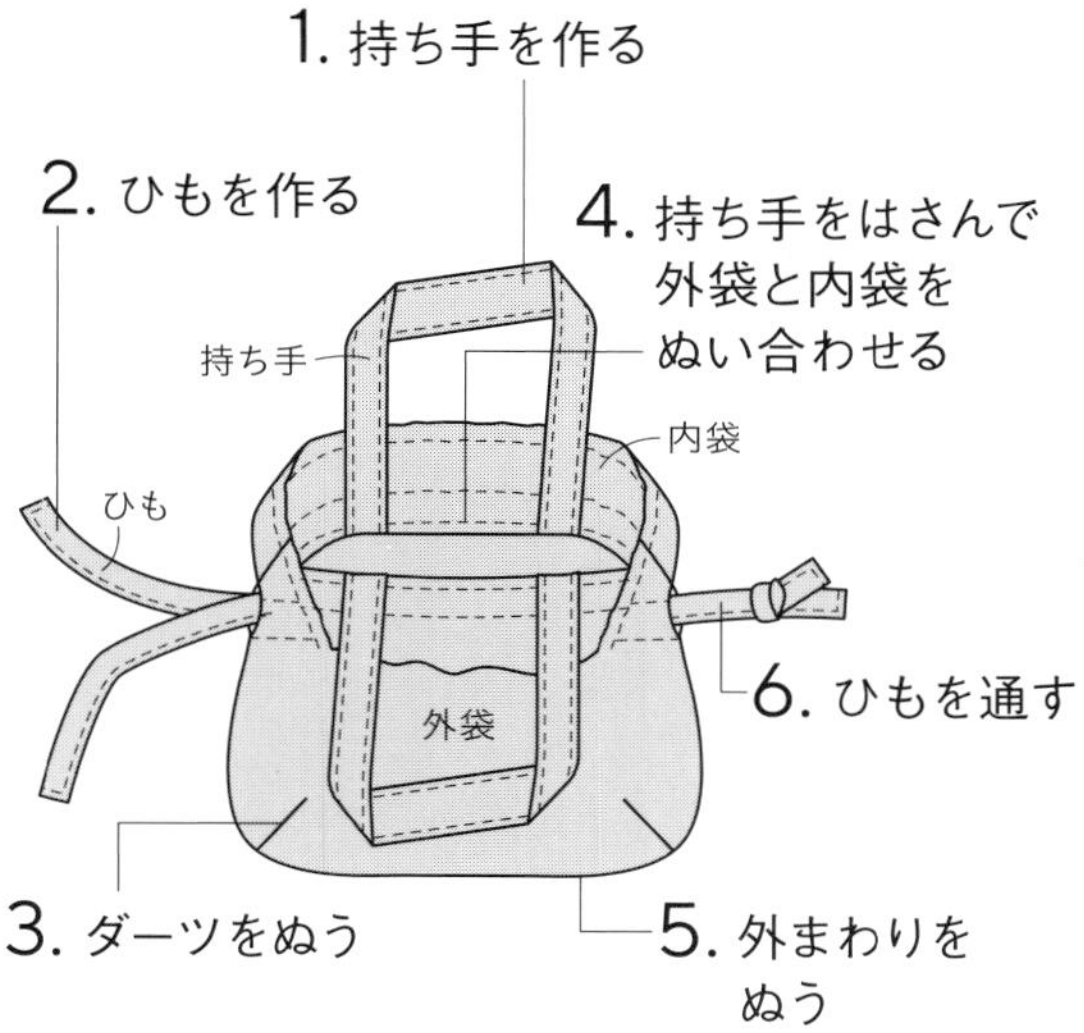
1. 持ち手を作る
2. ひもを作る
4. 持ち手をはさんで外袋と内袋をぬい合わせる
持ち手
内袋
ひも
外袋
6. ひもを通す
3. ダーツをぬう
5. 外まわりをぬう

【 裁ち合わせ図 】

・○の中の数字はぬいしろ寸法。指定以外は1㎝

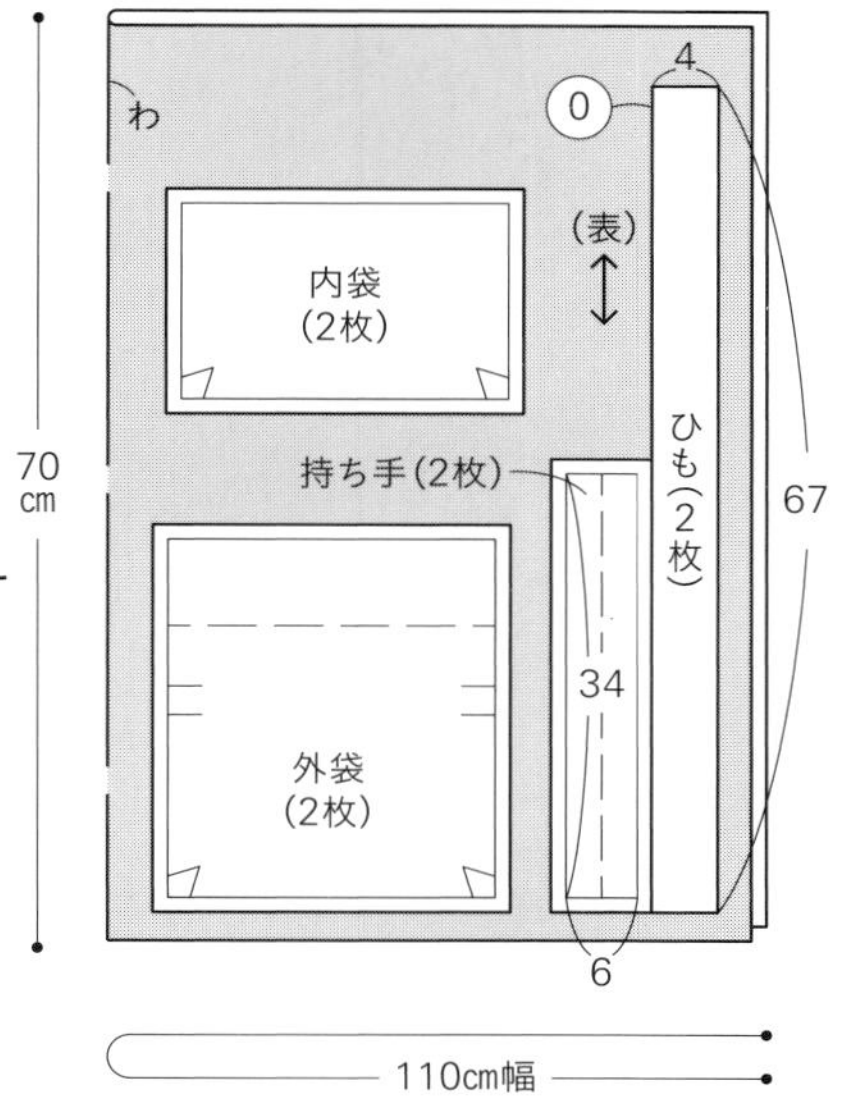
わ
0
4
（表）
内袋
（2枚）
持ち手（2枚）
ひも（2枚）
67
70
㎝
34
外袋
（2枚）
6
110㎝幅

【 作り方 】

1. 持ち手を作る

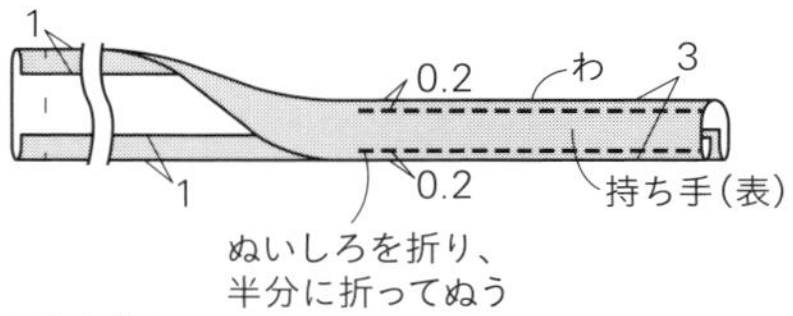
1
0.2
わ
3
0.2
1
持ち手（表）
ぬいしろを折り、
半分に折ってぬう

※2本作る

2. ひもを作る

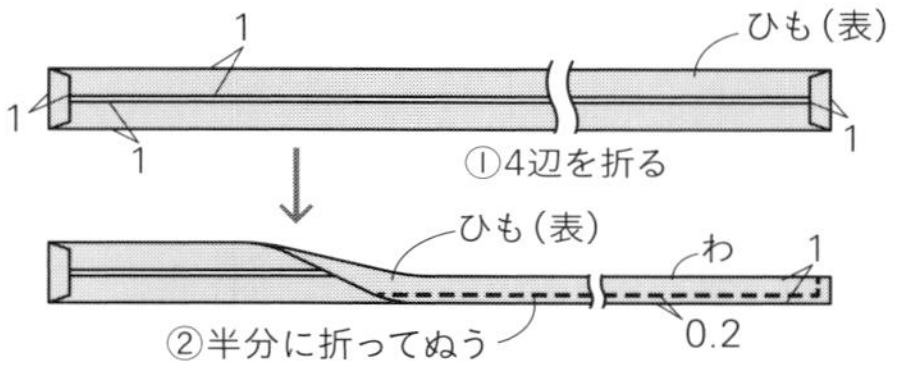
1
ひも（表）
1
1
1
①4辺を折る
ひも（表）
わ
1
0.2
②半分に折ってぬう

※2本作る

3. ダーツをぬう

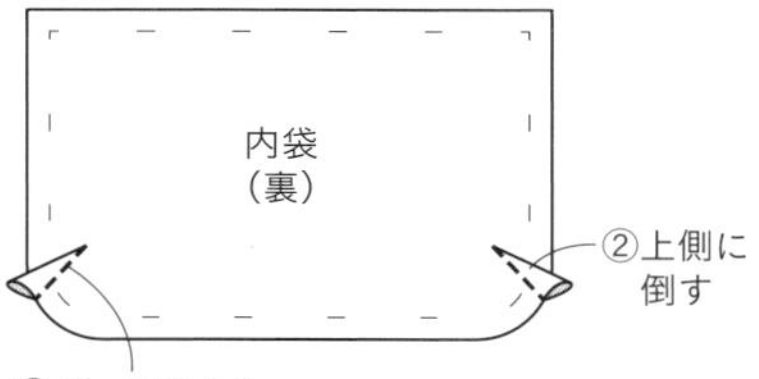
内袋
（裏）
②上側に
倒す
①ダーツをぬう

※もう1枚も同様に作る

※外袋も同様にぬい、ダーツは下側に倒す

4. 持ち手をはさんで外袋と内袋をぬい合わせる

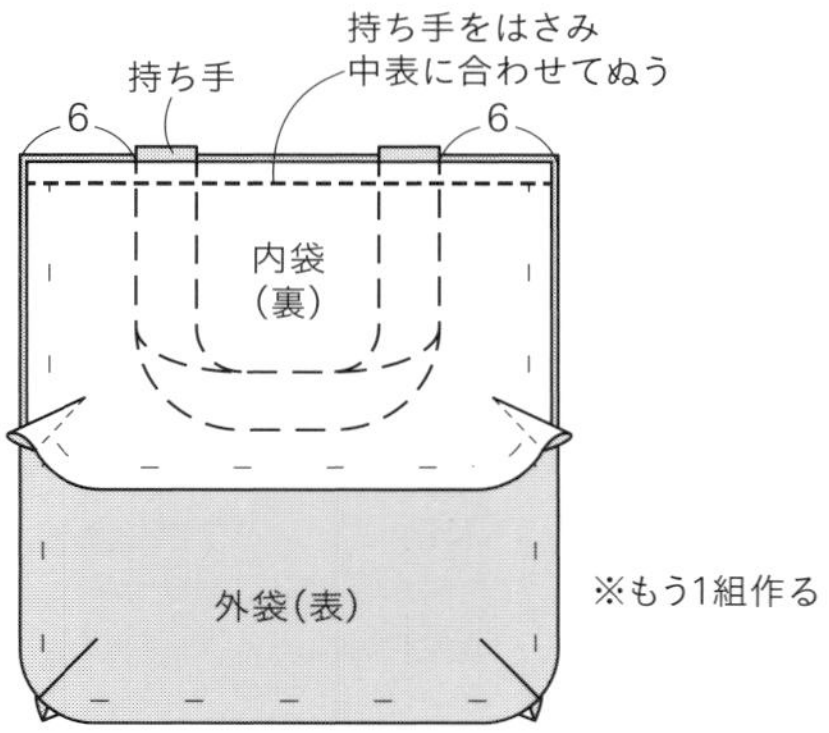
持ち手
持ち手をはさみ
中表に合わせてぬう
6
6
内袋
（裏）
外袋（表）

※もう1組作る

5. 外まわりをぬう

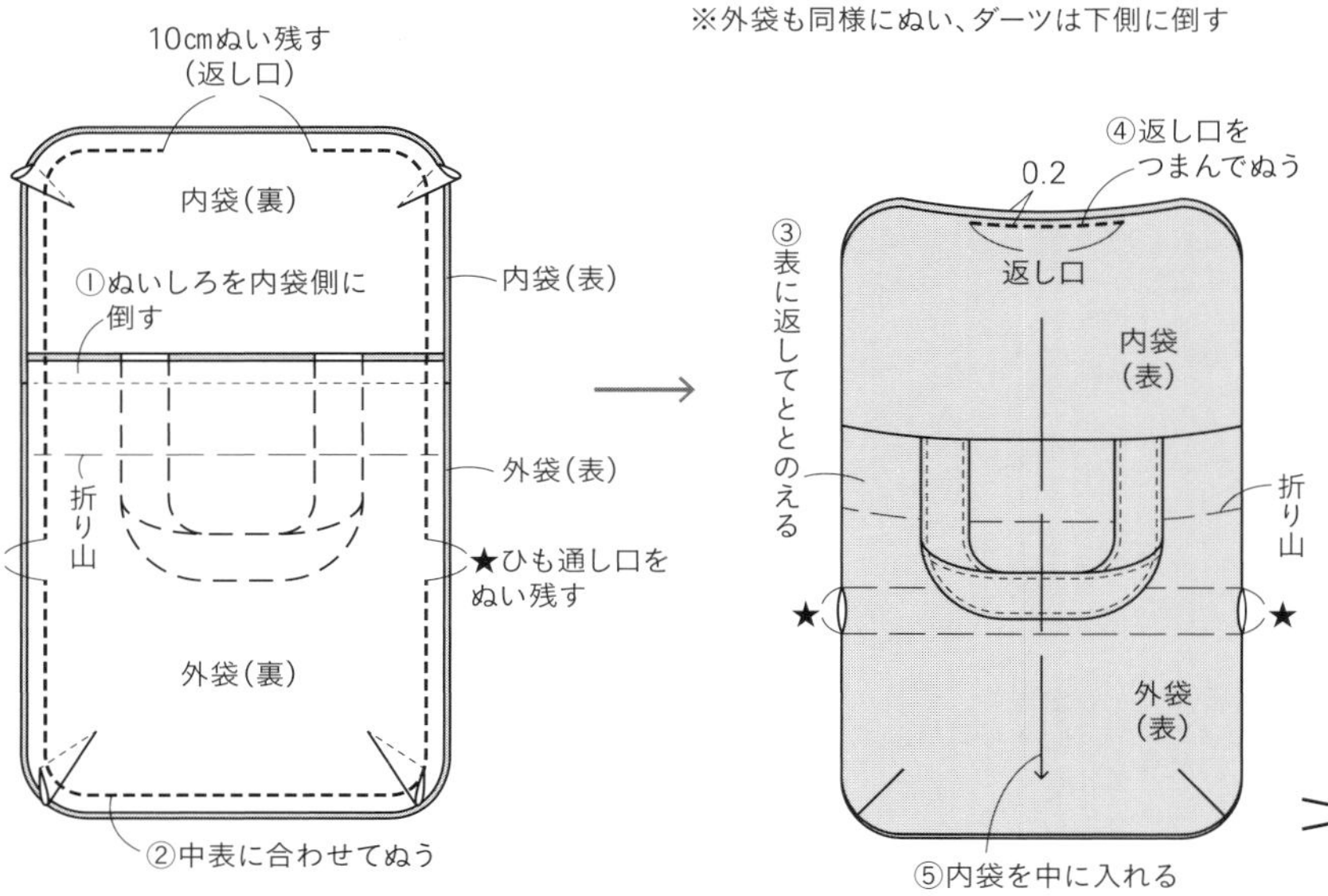
10㎝ぬい残す
（返し口）
内袋（裏）
①ぬいしろを内袋側に
倒す
内袋（表）
外袋（表）
折り山
★
★ひも通し口を
ぬい残す
外袋（裏）
②中表に合わせてぬう
④返し口を
つまんでぬう
0.2
③表に返してととのえる
返し口
内袋
（表）
折り山
★
★
外袋
（表）
⑤内袋を中に入れる

6. ひもを通す

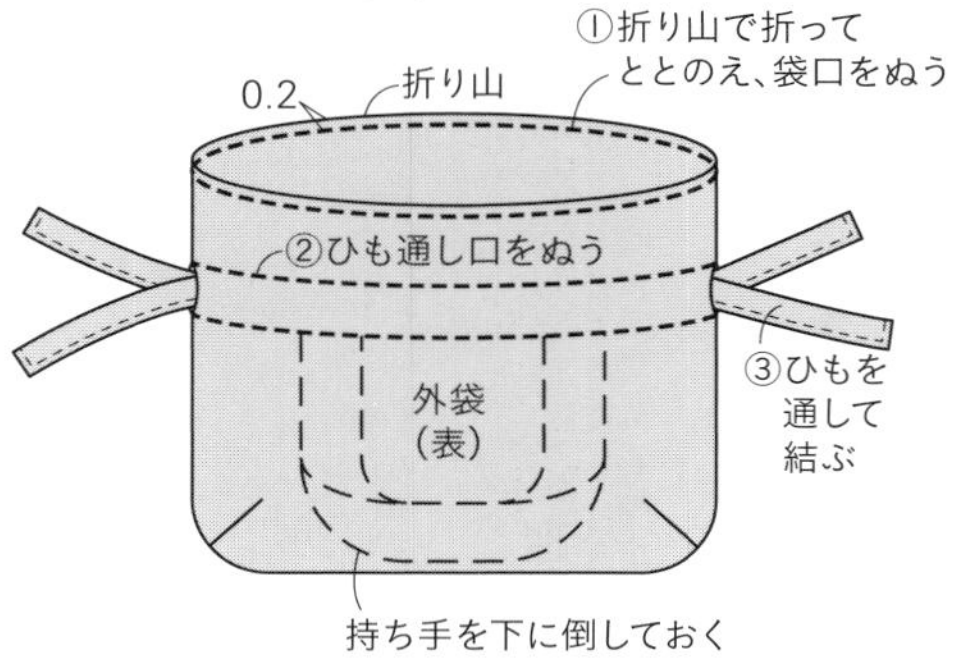
①折り山で折って
ととのえ、袋口をぬう
0.2
折り山
②ひも通し口をぬう
外袋
（表）
③ひもを
通して
結ぶ
持ち手を下に倒しておく

〈ひもの通し方〉

結ぶ

Quoi?Quoi?　コアコア

デザイナー久文麻未とパタンナー三代朝美のソーイングユニット。久文麻未は桑沢デザイン研究所と文化服装学院で学ぶ。三代朝美は文化服装学院卒。同じアパレルメーカー勤務後に独立し、ユニットを結成。Quoi?Quoi?とは、フランス語で「なぜ？なぜ？」という意味。シンプルで女性を美しく見せるラインと、愛らしいデザインが魅力。『大人の着せ替え布人形：小さくても仕立ては本格的』（誠文堂新光社）、『1日でぬえる！簡単楽ちんワンピース　おしゃれなアッパッパ』（主婦の友社）など著書多数。
公式Instagram　https://www.instagram.com/mamihisafumi/

【素材協力】

CHECK & STRIPE

http://checkandstripe.com

チェック＆ストライプ
2005年に神戸市で生まれたファブリックブランド。名前どおりチェックやストライプを中心にシンプルで上質な布を販売。オリジナルファブリックが多数あり、リバティプリントなども扱う。神戸店、芦屋店、吉祥寺店、自由が丘店、鎌倉店のほか、オンラインショップでも購入可能。各店舗の詳細は上記websiteを参照ください。
公式Instagram　https://www.instagram.com/check_stripe/
公式オンラインショップ　https://checkandstripe-onlineshop.com/

装丁・レイアウト	葉田いづみ
撮影	佐山裕子（主婦の友社）
スタイリング	田中美和子
ヘアメイク	廣瀬瑠美
モデル	ビビアン C〔110㎝サイズ／身長109㎝〕 クララ ローズ〔120㎝サイズ／身長119㎝〕 ルナ ヘスター〔130㎝サイズ／身長132㎝〕 アイラ ローズ〔140㎝サイズ／身長138㎝〕 すべてシュガー＆スパイス所属
作り方図協力	網田洋子
パターングレーディング	徳田なおみ（セリオ）
デジタルトレース	八文字則子
DTP制作	ローヤル企画
校正	田中利佳　武 由記子（東京出版サービスセンター）
編集	岡田範子
編集担当	森信千夏（主婦の友社）

1日《いちにち》でぬえる！簡単《かんたん》楽《らく》ちんワンピース
子《こ》どものおしゃれなアッパッパ

2021年5月20日　第1刷発行

著　者　Quoi?《コア》Quoi?《コア》
発行者　平野健一
発行所　株式会社 主婦の友社
〒141-0021
東京都品川区上大崎3-1-1
目黒セントラルスクエア
電話 03-5280-7537（編集）
03-5280-7551（販売）
印刷所　大日本印刷株式会社

ISBN978-4-07-446948-2

◯本書の内容に関するお問い合わせ、また、印刷・製本など製造上の不良がございましたら、主婦の友社（電話03-5280-7537）にご連絡ください。

◯主婦の友社が発行する書籍・ムックのご注文は、お近くの書店か主婦の友社コールセンター（電話0120-916-892）まで。
＊お問い合わせ受付時間　月～金（祝日を除く）9:30 ～17:30
主婦の友社ホームページ　https://shufunotomo.co.jp/